AFRIKAANS
WOORDENSCHAT

THEMATISCHE WOORDENLIJST

NEDERLANDS AFRIKAANS

De meest bruikbare woorden
Om uw woordenschat uit te breiden en
uw taalvaardigheid aan te scherpen

5000 woorden

Thematische woordenschat Nederlands-Afrikaans - 5000 woorden
Door Andrey Taranov

Woordenlijsten van T&P Books zijn bedoeld om u woorden van een vreemde taal te helpen leren, onthouden, en bestudering. Dit woordenboek is ingedeeld in thema's en behandelt alle belangrijk terreinen van het dagelijkse leven, bedrijven, wetenschap, cultuur, etc.

Het proces van het leren van woorden met behulp van de op thema's gebaseerde aanpak van T&P Books biedt u de volgende voordelen:

- Correct gegroepeerde informatie is bepalend voor succes bij opeenvolgende stadia van het leren van woorden
- De beschikbaarheid van woorden die van dezelfde stam zijn maakt het mogelijk om woordgroepen te onthouden (in plaats van losse woorden)
- Kleine groepen van woorden faciliteren het proces van het aanmaken van associatieve verbindingen, die nodig zijn bij het consolideren van de woordenschat
- Het niveau van talenkennis kan worden ingeschat door het aantal geleerde woorden

Copyright © 2017 T&P Books Publishing

Alle rechten voorbehouden. Niets uit deze uitgave mag worden verveelvoudigd, opgeslagen in een geautomatiseerd gegevensbestand en/of openbaar gemaakt in enige vorm of op enige wijze, hetzij elektronisch, mechanisch, door fotokopieën, opnamen of op enige andere manier zonder voorafgaande schriftelijke toestemming van de uitgever. U mag dit boek niet verspreiden in welk formaat dan ook.

T&P Books Publishing
www.tpbooks.com

ISBN: 978-1-78716-517-5

Dit boek is ook beschikbaar in e-boek formaat.
Gelieve www.tpbooks.com te bezoeken of de belangrijkste online boekwinkels.

AFRIKAANSE WOORDENSCHAT
nieuwe woorden leren

T&P Books woordenlijsten zijn bedoeld om u te helpen vreemde woorden te leren, te onthouden, en te bestuderen. De woordenschat bevat meer dan 5000 veel gebruikte woorden die thematisch geordend zijn.

- De woordenlijst bevat de meest gebruikte woorden
- Aanbevolen als aanvulling bij welke taalcursus dan ook
- Voldoet aan de behoeften van de beginnende en gevorderde student in vreemde talen
- Geschikt voor dagelijks gebruik, bestudering en zelftestactiviteiten
- Maakt het mogelijk om uw woordenschat te evalueren

Bijzondere kenmerken van de woordenschat

- De woorden zijn gerangschikt naar hun betekenis, niet volgens alfabet
- De woorden worden weergegeven in drie kolommen om bestudering en zelftesten te vergemakkelijken
- Woorden in groepen worden verdeeld in kleine blokken om het leerproces te vergemakkelijken
- De woordenschat biedt een handige en eenvoudige beschrijving van elk buitenlands woord

De woordenschat bevat 155 onderwerpen zoals:

Basisconcepten, getallen, kleuren, maanden, seizoenen, meeteenheden, kleding en accessoires, eten & voeding, restaurant, familieleden, verwanten, karakter, gevoelens, emoties, ziekten, stad, dorp, bezienswaardigheden, winkelen, geld, huis, thuis, kantoor, werken op kantoor, import & export, marketing, werk zoeken, sport, onderwijs, computer, internet, gereedschap, natuur, landen, nationaliteiten en meer ...

INHOUDSOPGAVE

Uitspraakgids 9
Afkortingen 10

BASISBEGRIPPEN 11
Basisbegrippen Deel 1 11

1. Voornaamwoorden 11
2. Begroetingen. Begroetingen. Afscheid 11
3. Hoe aan te spreken 12
4. Kardinale getallen. Deel 1 12
5. Kardinale getallen. Deel 2 13
6. Ordinale getallen 14
7. Getallen. Breuken 14
8. Getallen. Eenvoudige berekeningen 14
9. Getallen. Diversen 14
10. De belangrijkste werkwoorden. Deel 1 15
11. De belangrijkste werkwoorden. Deel 2 16
12. De belangrijkste werkwoorden. Deel 3 17
13. De belangrijkste werkwoorden. Deel 4 18
14. Kleuren 19
15. Vragen 19
16. Voorzetsels 20
17. Functiewoorden. Bijwoorden. Deel 1 20
18. Functiewoorden. Bijwoorden. Deel 2 22

Basisbegrippen Deel 2 24

19. Dagen van de week 24
20. Uren. Dag en nacht 24
21. Maanden. Seizoenen 25
22. Meeteenheden 26
23. Containers 27

MENS 29
Mens. Het lichaam 29

24. Hoofd 29
25. Menselijk lichaam 30

Kleding en accessoires 31

26. Bovenkleding. Jassen 31
27. Heren & dames kleding 31

28. Kleding. Ondergoed 32
29. Hoofddeksels 32
30. Schoeisel 32
31. Persoonlijke accessoires 33
32. Kleding. Diversen 33
33. Persoonlijke verzorging. Schoonheidsmiddelen 34
34. Horloges. Klokken 35

Voedsel. Voeding 36

35. Voedsel 36
36. Drankjes 37
37. Groenten 38
38. Vruchten. Noten 39
39. Brood. Snoep 40
40. Bereide gerechten 40
41. Kruiden 41
42. Maaltijden 42
43. Tafelschikking 43
44. Restaurant 43

Familie, verwanten en vrienden 44

45. Persoonlijke informatie. Formulieren 44
46. Familieleden. Verwanten 44

Geneeskunde 46

47. Ziekten 46
48. Symptomen. Behandelingen. Deel 1 47
49. Symptomen. Behandelingen. Deel 2 48
50. Symptomen. Behandelingen. Deel 3 49
51. Artsen 50
52. Geneeskunde. Medicijnen. Accessoires 50

HET MENSELIJKE LEEFGEBIED 51
Stad 51

53. Stad. Het leven in de stad 51
54. Stedelijke instellingen 52
55. Borden 53
56. Stedelijk vervoer 54
57. Bezienswaardigheden 55
58. Winkelen 56
59. Geld 57
60. Post. Postkantoor 58

Woning. Huis. Thuis 59

61. Huis. Elektriciteit 59

62. Villa. Herenhuis	59
63. Appartement	59
64. Meubels. Interieur	60
65. Beddengoed	61
66. Keuken	61
67. Badkamer	62
68. Huishoudelijke apparaten	63

MENSELIJKE ACTIVITEITEN 64
Baan. Business. Deel 1 64

69. Kantoor. Op kantoor werken	64
70. Bedrijfsprocessen. Deel 1	65
71. Bedrijfsprocessen. Deel 2	66
72. Productie. Werken	67
73. Contract. Overeenstemming	68
74. Import & Export	69
75. Financiën	69
76. Marketing	70
77. Reclame	70
78. Bankieren	71
79. Telefoon. Telefoongesprek	72
80. Mobiele telefoon	72
81. Schrijfbehoeften	73
82. Soorten bedrijven	73

Baan. Business. Deel 2 76

83. Show. Tentoonstelling	76
84. Wetenschap. Onderzoek. Wetenschappers	77

Beroepen en ambachten 79

85. Zoeken naar werk. Ontslag	79
86. Zakenmensen	79
87. Dienstverlenende beroepen	80
88. Militaire beroepen en rangen	81
89. Ambtenaren. Priesters	82
90. Agrarische beroepen	82
91. Kunst beroepen	83
92. Verschillende beroepen	83
93. Beroepen. Sociale status	85

Onderwijs 86

94. School	86
95. Hogeschool. Universiteit	87
96. Wetenschappen. Disciplines	88
97. Schrift. Spelling	88
98. Vreemde talen	89

Rusten. Entertainment. Reizen	91
99. Trip. Reizen	91
100. Hotel	91

TECHNISCHE APPARATUUR. VERVOER — 93
Technische apparatuur — 93

101. Computer	93
102. Internet. E-mail	94
103. Elektriciteit	95
104. Gereedschappen	95

Vervoer — 98

105. Vliegtuig	98
106. Trein	99
107. Schip	100
108. Vliegveld	101

Gebeurtenissen in het leven — 103

109. Vakanties. Evenement	103
110. Begrafenissen. Begrafenis	104
111. Oorlog. Soldaten	104
112. Oorlog. Militaire acties. Deel 1	105
113. Oorlog. Militaire acties. Deel 2	107
114. Wapens	108
115. Oude mensen	110
116. Middeleeuwen	110
117. Leider. Baas. Autoriteiten	112
118. De wet overtreden. Criminelen. Deel 1	113
119. De wet overtreden. Criminelen. Deel 2	114
120. Politie. Wet. Deel 1	115
121. Politie. Wet. Deel 2	116

NATUUR — 118
De Aarde. Deel 1 — 118

122. De kosmische ruimte	118
123. De Aarde	119
124. Windrichtingen	120
125. Zee. Oceaan	120
126. Namen van zeeën en oceanen	121
127. Bergen	122
128. Bergen namen	123
129. Rivieren	123
130. Namen van rivieren	124
131. Bos	124
132. Natuurlijke hulpbronnen	125

De Aarde. Deel 2 — 127

133. Weer — 127
134. Zwaar weer. Natuurrampen — 128

Fauna — 129

135. Zoogdieren. Roofdieren — 129
136. Wilde dieren — 129
137. Huisdieren — 130
138. Vogels — 131
139. Vis. Zeedieren — 133
140. Amfibieën. Reptielen — 133
141. Insecten — 134

Flora — 135

142. Bomen — 135
143. Heesters — 136
144. Vruchten. Bessen — 136
145. Bloemen. Planten — 137
146. Granen, graankorrels — 138

LANDEN. NATIONALITEITEN — 139

147. West-Europa — 139
148. Centraal- en Oost-Europa — 139
149. Voormalige USSR landen — 140
150. Azië — 140
151. Noord-Amerika — 141
152. Midden- en Zuid-Amerika — 141
153. Afrika — 142
154. Australië. Oceanië — 142
155. Steden — 142

UITSPRAAKGIDS

T&P fonetisch alfabet	Afrikaans voorbeeld	Nederlands voorbeeld
[a]	land	acht
[ā]	straat	aan, maart
[æ]	hout	Nederlands Nedersaksisch - dät, Engels - cat
[o], [ɔ]	Australië	overeenkomst, bot
[e]	metaal	delen, spreken
[ɛ]	aanlê	elf, zwembad
[ə]	filter	formule, wachten
[ɪ]	uur	iemand, die
[i]	billik	bidden, tint
[ĩ]	naïef	team, iemand
[o]	koppie	overeenkomst
[ø]	akteur	neus, beu
[œ]	fluit	Duits - 'Hölle'
[u]	hulle	hoed, doe
[ʊ]	hout	hoed, doe
[b]	bakker	hebben
[d]	donder	Dank u, honderd
[f]	navraag	feestdag, informeren
[g]	burger	goal, tango
[h]	driehoek	het, herhalen
[j]	byvoeg	New York, januari
[k]	kamera	kennen, kleur
[l]	loon	delen, luchter
[m]	môre	morgen, etmaal
[n]	neef	nemen, zonder
[p]	pyp	parallel, koper
[r]	rigting	roepen, breken
[s]	oplos	spreken, kosten
[t]	lood, tenk	tomaat, taart
[v]	bewaar	beloven, schrijven
[w]	oorwinnaar	twee, willen
[z]	zoem	zeven, zesde
[dʒ]	enjin	jeans, jungle
[ʃ]	artisjok	shampoo, machine
[ŋ]	kans	optelling, jongeman
[tʃ]	tjek	Tsjechië, cello
[ʒ]	beige	journalist, rouge
[x]	agent	licht, school

AFKORTINGEN
gebruikt in de woordenschat

Nederlandse afkortingen

abn	-	als bijvoeglijk naamwoord
bijv.	-	bijvoorbeeld
bn	-	bijvoeglijk naamwoord
bw	-	bijwoord
enk.	-	enkelvoud
enz.	-	enzovoort
form.	-	formele taal
inform.	-	informele taal
mann.	-	mannelijk
mil.	-	militair
mv.	-	meervoud
on.ww.	-	onovergankelijk werkwoord
ontelb.	-	ontelbaar
ov.	-	over
ov.ww.	-	overgankelijk werkwoord
telb.	-	telbaar
vn	-	voornaamwoord
vrouw.	-	vrouwelijk
vw	-	voegwoord
vz	-	voorzetsel
wisk.	-	wiskunde
ww	-	werkwoord

Nederlandse artikelen

de	-	gemeenschappelijk geslacht
de/het	-	gemeenschappelijk geslacht, onzijdig
het	-	onzijdig

BASISBEGRIPPEN

Basisbegrippen Deel 1

1. Voornaamwoorden

ik	ek, my	[ɛk], [maj]
jij, je	jy	[jaj]
hij	hy	[haj]
zij, ze	sy	[saj]
het	dit	[dit]
wij, we	ons	[ɔŋs]
jullie	julle	[jullə]
U (form., enk.)	u	[u]
U (form., mv.)	u	[u]
zij, ze	hulle	[hullə]

2. Begroetingen. Begroetingen. Afscheid

Hallo!	Hallo!	[hallo!]
Goedemorgen!	Goeie môre!	[χuje mɔrə!]
Goedemiddag!	Goeiemiddag!	[χuje·middaχ!]
Goedenavond!	Goeienaand!	[χuje·nānt!]
gedag zeggen (groeten)	dagsê	[daχsɛ:]
Hoi!	Hallo!	[hallo!]
groeten (het)	groet	[χrut]
verwelkomen (ww)	groet	[χrut]
Hoe gaat het?	Hoe gaan dit?	[hu χān dit?]
Hoe gaat het met u?	Hoe gaan dit?	[hu χān dit?]
Is er nog nieuws?	Hoe gaan dit?	[hu χān dit?]
Dag! Tot ziens!	Totsiens!	[totsiŋs!]
Tot ziens! (form.)	Totsiens!	[totsiŋs!]
Doei!	Koebaai!	[kubāi!]
Tot snel! Tot ziens!	Totsiens!	[totsiŋs!]
Vaarwel!	Totsiens!	[totsiŋs!]
afscheid nemen (ww)	afskeid neem	[afskæjt neəm]
Tot kijk!	Koebaai!	[kubāi!]
Dank u!	Dankie!	[danki!]
Dank u wel!	Baie dankie!	[baje danki!]
Graag gedaan	Plesier	[plesir]
Geen dank!	Plesier!	[plesir!]
Geen moeite.	Plesier	[plesir]

Nederlands	Afrikaans	Uitspraak
Excuseer me, ...	Verskoon my!	[ferskoən maj!]
excuseren (verontschuldigen)	verskoon	[ferskoən]
zich verontschuldigen	verskoning vra	[ferskoniŋ fra]
Mijn excuses.	Verskoning	[ferskoniŋ]
Het spijt me!	Ek is jammer!	[ɛk is jammər!]
vergeven (ww)	vergewe	[ferχevə]
Maakt niet uit!	Maak nie saak nie!	[mãk ni sãk ni!]
alsjeblieft	asseblief	[asseblif]
Vergeet het niet!	Vergeet dit nie!	[ferχeət dit ni!]
Natuurlijk!	Beslis!	[beslis!]
Natuurlijk niet!	Natuurlik nie!	[natɪrlik ni!]
Akkoord!	OK!	[okej!]
Zo is het genoeg!	Dis genoeg!	[dis χenuχ!]

3. Hoe aan te spreken

Nederlands	Afrikaans	Uitspraak
Excuseer me, ...	Verskoon my, ...	[ferskoən maj, ...]
meneer	meneer	[meneər]
mevrouw	mevrou	[mefræu]
juffrouw	juffrou	[juffræu]
jongeman	jongman	[joŋman]
jongen	boet	[but]
meisje	sussie	[sussi]

4. Kardinale getallen. Deel 1

Nederlands	Afrikaans	Uitspraak
nul	nul	[nul]
een	een	[eən]
twee	twee	[tweə]
drie	drie	[dri]
vier	vier	[fir]
vijf	vyf	[fajf]
zes	ses	[ses]
zeven	sewe	[sevə]
acht	ag	[aχ]
negen	nege	[neχə]
tien	tien	[tin]
elf	elf	[ɛlf]
twaalf	twaalf	[twãlf]
dertien	dertien	[dertin]
veertien	veertien	[feertin]
vijftien	vyftien	[fajftin]
zestien	sestien	[sestin]
zeventien	sewetien	[sevətin]
achttien	agtien	[aχtin]
negentien	negetien	[neχetin]
twintig	twintig	[twintəχ]

eenentwintig	een-en-twintig	[eən-en-twintəx]
tweeëntwintig	twee-en-twintig	[tweə-en-twintəx]
drieëntwintig	drie-en-twintig	[dri-en-twintəx]
dertig	dertig	[dertəx]
eenendertig	een-en-dertig	[eən-en-dertəx]
tweeëndertig	twee-en-dertig	[tweə-en-dertəx]
drieëndertig	drie-en-dertig	[dri-en-dertəx]
veertig	veertig	[feərtəx]
eenenveertig	een-en-veertig	[eən-en-feərtəx]
tweeënveertig	twee-en-veertig	[tweə-en-feərtəx]
drieënveertig	vier-en-veertig	[fir-en-feərtəx]
vijftig	vyftig	[fajftəx]
eenenvijftig	een-en-vyftig	[eən-en-fajftəx]
tweeënvijftig	twee-en-vyftig	[tweə-en-fajftəx]
drieënvijftig	drie-en-vyftig	[dri-en-fajftəx]
zestig	sestig	[sestəx]
eenenzestig	een-en-sestig	[eən-en-sestəx]
tweeënzestig	twee-en-sestig	[tweə-en-sestəx]
drieënzestig	drie-en-sestig	[dri-en-sestəx]
zeventig	sewentig	[seventəx]
eenenzeventig	een-en-sewentig	[eən-en-seventəx]
tweeënzeventig	twee-en-sewentig	[tweə-en-seventəx]
drieënzeventig	drie-en-sewentig	[dri-en-seventəx]
tachtig	tagtig	[taχtəx]
eenentachtig	een-en-tagtig	[eən-en-taχtəx]
tweeëntachtig	twee-en-tagtig	[tweə-en-taχtəx]
drieëntachtig	drie-en-tagtig	[dri-en-taχtəx]
negentig	negentig	[neχentəx]
eenennegentig	een-en-negentig	[eən-en-neχentəx]
tweeënnegentig	twee-en-negentig	[tweə-en-neχentəx]
drieënnegentig	drie-en-negentig	[dri-en-neχentəx]

5. Kardinale getallen. Deel 2

honderd	honderd	[hondərt]
tweehonderd	tweehonderd	[tweə·hondərt]
driehonderd	driehonderd	[dri·hondərt]
vierhonderd	vierhonderd	[fir·hondərt]
vijfhonderd	vyfhonderd	[fajf·hondərt]
zeshonderd	seshonderd	[ses·hondərt]
zevenhonderd	sewehonderd	[sevə·hondərt]
achthonderd	aghonderd	[aχ·hondərt]
negenhonderd	negehonderd	[neχə·hondərt]
duizend	duisend	[dœisent]
tweeduizend	tweeduisend	[tweə·dœisent]

drieduizend	drieduisend	[dri·dœisent]
tienduizend	tienduisend	[tin·dœisent]
honderdduizend	honderdduisend	[hondərt·dajsent]
miljoen (het)	miljoen	[miljun]
miljard (het)	miljard	[miljart]

6. Ordinale getallen

eerste (bn)	eerste	[eərstə]
tweede (bn)	tweede	[tweedə]
derde (bn)	derde	[derdə]
vierde (bn)	vierde	[firdə]
vijfde (bn)	vyfde	[fajfdə]
zesde (bn)	sesde	[sesdə]
zevende (bn)	sewende	[sevendə]
achtste (bn)	agste	[aχstə]
negende (bn)	negende	[neχendə]
tiende (bn)	tiende	[tində]

7. Getallen. Breuken

breukgetal (het)	breuk	[brøek]
half	helfte	[hɛlftə]
een derde	derde	[derdə]
kwart	kwart	[kwart]
een achtste	agste	[aχstə]
een tiende	tiende	[tində]
twee derde	twee derde	[twee derdə]
driekwart	driekwart	[drikwart]

8. Getallen. Eenvoudige berekeningen

aftrekking (de)	aftrekking	[aftrɛkkiŋ]
aftrekken (ww)	aftrek	[aftrek]
deling (de)	deling	[deliŋ]
delen (ww)	deel	[deəl]
optelling (de)	optelling	[optɛlliŋ]
erbij optellen (bij elkaar voegen)	optel	[optəl]
optellen (ww)	optel	[optəl]
vermenigvuldiging (de)	vermenigvuldiging	[fermeniχ·fuldəχiŋ]
vermenigvuldigen (ww)	vermenigvuldig	[fermeniχ·fuldəχ]

9. Getallen. Diversen

cijfer (het)	syfer	[sajfər]
nummer (het)	nommer	[nommər]

telwoord (het)	telwoord	[tɛlwoərt]
minteken (het)	minusteken	[minus·tekən]
plusteken (het)	plusteken	[plus·tekən]
formule (de)	formule	[formulə]
berekening (de)	berekening	[berekeniŋ]
tellen (ww)	tel	[təl]
bijrekenen (ww)	optel	[optəl]
vergelijken (ww)	vergelyk	[ferχəlajk]
Hoeveel?	Hoeveel?	[hufeəl?]
som (de), totaal (het)	som, totaal	[som], [totāl]
uitkomst (de)	resultaat	[resultāt]
rest (de)	oorskot	[oərskot]
weinig (bw)	min	[min]
restant (het)	die res	[di res]
dozijn (het)	dosyn	[dosajn]
middendoor (bw)	middeldeur	[middəldøər]
even (bw)	gelyk	[χelajk]
helft (de)	helfte	[hɛlftə]
keer (de)	maal	[māl]

10. De belangrijkste werkwoorden. Deel 1

aanbevelen (ww)	aanbeveel	[ānbefeəl]
aandringen (ww)	aandring	[āndriŋ]
aankomen (per auto, enz.)	aankom	[ānkom]
aanraken (ww)	aanraak	[ānrāk]
adviseren (ww)	aanraai	[ānrāi]
afdalen (on.ww.)	afkom	[afkom]
afslaan (naar rechts ~)	draai	[drāi]
antwoorden (ww)	antwoord	[antwoərt]
bang zijn (ww)	bang wees	[baŋ veəs]
bedreigen	dreig	[dræjχ]
(bijv. met een pistool)		
bedriegen (ww)	bedrieg	[bedrəχ]
beëindigen (ww)	klaarmaak	[klārmāk]
beginnen (ww)	begin	[beχin]
begrijpen (ww)	verstaan	[ferstān]
beheren (managen)	beheer	[beheər]
beledigen	beledig	[beledəχ]
(met scheldwoorden)		
beloven (ww)	beloof	[beloəf]
bereiden (koken)	kook	[koək]
bespreken (spreken over)	bespreek	[bespreək]
bestellen (eten ~)	bestel	[bestəl]
bestraffen (een stout kind ~)	straf	[straf]

betalen (ww)	betaal	[betāl]
betekenen (beduiden)	beteken	[betekən]
betreuren (ww)	jammer wees	[jammər veəs]
bevallen (prettig vinden)	hou van	[hæʊ fan]
bevelen (mil.)	beveel	[befeəl]
bevrijden (stad, enz.)	bevry	[befraj]
bewaren (ww)	bewaar	[bevār]
bezitten (ww)	besit	[besit]
bidden (praten met God)	bid	[bit]
binnengaan (een kamer ~)	binnegaan	[binnəχān]
breken (ww)	breek	[breək]
controleren (ww)	kontroleer	[kontroleər]
creëren (ww)	skep	[skep]
deelnemen (ww)	deelneem	[deəlneəm]
denken (ww)	dink	[dink]
doden (ww)	doodmaak	[doədmāk]
doen (ww)	doen	[dun]
dorst hebben (ww)	dors wees	[dors veəs]

11. De belangrijkste werkwoorden. Deel 2

eisen (met klem vragen)	eis	[æjs]
excuseren (vergeven)	verskoon	[ferskoən]
existeren (bestaan)	bestaan	[bestān]
gaan (te voet)	gaan	[χān]
gaan zitten (ww)	gaan sit	[χān sit]
gaan zwemmen	gaan swem	[χān swem]
geven (ww)	gee	[χeə]
glimlachen (ww)	glimlag	[χlimlaχ]
goed raden (ww)	raai	[rāi]
grappen maken (ww)	grappies maak	[χrappis māk]
graven (ww)	grawe	[χravə]
hebben (ww)	hê	[hɛ:]
helpen (ww)	help	[hɛlp]
herhalen (opnieuw zeggen)	herhaal	[herhāl]
honger hebben (ww)	honger wees	[hoŋər veəs]
hopen (ww)	hoop	[hoəp]
horen (waarnemen met het oor)	hoor	[hoər]
huilen (wenen)	huil	[hœil]
huren (huis, kamer)	huur	[hɪr]
informeren (informatie geven)	in kennis stel	[in kɛnnis stəl]
instemmen (akkoord gaan)	saamstem	[sāmstem]
jagen (ww)	jag	[jaχ]
kennen (kennis hebben van iemand)	ken	[ken]

kiezen (ww)	kies	[kis]
klagen (ww)	kla	[kla]
kosten (ww)	kos	[kɔs]
kunnen (ww)	kan	[kan]
lachen (ww)	lag	[laχ]
laten vallen (ww)	laat val	[lāt fal]
lezen (ww)	lees	[leəs]
liefhebben (ww)	liefhê	[lifhɛ:]
lunchen (ww)	gaan eet	[χān eət]
nemen (ww)	vat	[fat]
nodig zijn (ww)	nodig wees	[nodəχ veəs]

12. De belangrijkste werkwoorden. Deel 3

onderschatten (ww)	onderskat	[ondərskat]
ondertekenen (ww)	teken	[tekən]
ontbijten (ww)	ontbyt	[ontbajt]
openen (ww)	oopmaak	[oəpmāk]
ophouden (ww)	ophou	[ophæʊ]
opmerken (zien)	raaksien	[rāksin]
opscheppen (ww)	spog	[spoχ]
opschrijven (ww)	opskryf	[opskrajf]
plannen (ww)	beplan	[beplan]
prefereren (verkiezen)	verkies	[ferkis]
proberen (trachten)	probeer	[probeər]
redden (ww)	red	[ret]
rekenen op …	reken op …	[reken op …]
rennen (ww)	hardloop	[hardloəp]
reserveren (een hotelkamer ~)	bespreek	[bespreək]
roepen (om hulp)	roep	[rup]
schieten (ww)	skiet	[skit]
schreeuwen (ww)	skreeu	[skriʊ]
schrijven (ww)	skryf	[skrajf]
souperen (ww)	aandete gebruik	[āndetə χebrœik]
spelen (kinderen)	speel	[speel]
spreken (ww)	praat	[prāt]
stelen (ww)	steel	[steəl]
stoppen (pauzeren)	stilhou	[stilhæʊ]
studeren (Nederlands ~)	studeer	[studeər]
sturen (zenden)	stuur	[stɪr]
tellen (optellen)	tel	[təl]
toebehoren aan …	behoort aan …	[behoərt ān …]
toestaan (ww)	toestaan	[tustān]
tonen (ww)	wys	[vajs]
twijfelen (onzeker zijn)	twyfel	[twajfəl]
uitgaan (ww)	uitgaan	[œitχān]

uitnodigen (ww)	uitnooi	[œitnoj]
uitspreken (ww)	uitspreek	[œitspreək]
uitvaren tegen (ww)	uitvaar teen	[œitfãr teən]

13. De belangrijkste werkwoorden. Deel 4

vallen (ww)	val	[fal]
vangen (ww)	vang	[faŋ]
veranderen (anders maken)	verander	[ferandər]
verbaasd zijn (ww)	verbaas wees	[ferbãs veəs]
verbergen (ww)	wegsteek	[veχsteək]
verdedigen (je land ~)	verdedig	[ferdedəχ]
verenigen (ww)	verenig	[ferenəχ]
vergelijken (ww)	vergelyk	[ferχəlajk]
vergeten (ww)	vergeet	[ferχeət]
vergeven (ww)	vergewe	[ferχevə]
verklaren (uitleggen)	verduidelik	[ferdœidəlik]
verkopen (per stuk ~)	verkoop	[ferkoəp]
vermelden (praten over)	verwys na	[ferwajs na]
versieren (decoreren)	versier	[fersir]
vertalen (ww)	vertaal	[fertãl]
vertrouwen (ww)	vertrou	[fertræʊ]
vervolgen (ww)	aangaan	[ãnχãn]
verwarren (met elkaar ~)	verwar	[ferwar]
verzoeken (ww)	vra	[fra]
verzuimen (school, enz.)	bank	[bank]
vinden (ww)	vind	[fint]
vliegen (ww)	vlieg	[fliχ]
volgen (ww)	volg ...	[folχ ...]
voorstellen (ww)	voorstel	[foərstəl]
voorzien (verwachten)	voorsien	[foərsin]
vragen (ww)	vra	[fra]
waarnemen (ww)	waarneem	[vãrneəm]
waarschuwen (ww)	waarsku	[vãrsku]
wachten (ww)	wag	[vaχ]
weerspreken (ww)	beswaar maak	[beswãr mãk]
weigeren (ww)	weier	[væjer]
werken (ww)	werk	[verk]
weten (ww)	weet	[veət]
willen (verlangen)	wil	[vil]
zeggen (ww)	sê	[sɛ:]
zich haasten (ww)	opskud	[opskut]
zich interesseren voor ...	belangstel in ...	[belaŋstəl in ...]
zich verontschuldigen	verskoning vra	[ferskoniŋ fra]
zien (ww)	sien	[sin]
zijn (ww)	wees	[veəs]
zoeken (ww)	soek ...	[suk ...]

zwemmen (ww)	swem	[swem]
zwijgen (ww)	stilbly	[stilblaj]

14. Kleuren

kleur (de)	kleur	[kløər]
tint (de)	skakering	[skakeriŋ]
kleurnuance (de)	tint	[tint]
regenboog (de)	reënboog	[rɛɛn·boəχ]
wit (bn)	wit	[vit]
zwart (bn)	swart	[swart]
grijs (bn)	grys	[χrajs]
groen (bn)	groen	[χrun]
geel (bn)	geel	[χeəl]
rood (bn)	rooi	[roj]
blauw (bn)	blou	[blæʊ]
lichtblauw (bn)	ligblou	[liχ·blæʊ]
roze (bn)	pienk	[pink]
oranje (bn)	oranje	[oranje]
violet (bn)	pers	[pers]
bruin (bn)	bruin	[brœin]
goud (bn)	goue	[χæʊə]
zilverkleurig (bn)	silweragtig	[silweraχtəχ]
beige (bn)	beige	[bɛ:iʒ]
roomkleurig (bn)	roomkleurig	[roəm·kløərəχ]
turkoois (bn)	turkoois	[turkojs]
kersrood (bn)	kersierooi	[kersi·roj]
lila (bn)	lila	[lila]
karmijnrood (bn)	karmosyn	[karmosajn]
licht (bn)	lig	[liχ]
donker (bn)	donker	[donkər]
fel (bn)	helder	[hɛldər]
kleur-, kleurig (bn)	kleurig	[kløərəχ]
kleuren- (abn)	kleur	[kløər]
zwart-wit (bn)	swart-wit	[swart-wit]
eenkleurig (bn)	effe	[ɛffə]
veelkleurig (bn)	veelkleurig	[feəlkløərəχ]

15. Vragen

Wie?	Wie?	[vi?]
Wat?	Wat?	[vat?]
Waar?	Waar?	[vār?]
Waarheen?	Waarheen?	[vārheən?]
Waarvandaan?	Waarvandaan?	[vārfandān?]

Wanneer?	Wanneer?	[vanneer?]
Waarom?	Hoekom?	[hukom?]
Waarom?	Hoekom?	[hukom?]
Waarvoor dan ook?	Vir wat?	[fir vat?]
Hoe?	Hoe?	[hu?]
Wat voor ...?	Watter?	[vatter?]
Welk?	Watter een?	[vatter een?]
Aan wie?	Vir wie?	[fir vi?]
Over wie?	Oor wie?	[oer vi?]
Waarover?	Oor wat?	[oer vat?]
Met wie?	Met wie?	[met vi?]
Hoeveel?	Hoeveel?	[hufeel?]

16. Voorzetsels

met (bijv. ~ beleg)	met	[met]
zonder (~ accent)	sonder	[sonder]
naar (in de richting van)	na	[na]
over (praten ~)	oor	[oer]
voor (in tijd)	voor	[foer]
voor (aan de voorkant)	voor ...	[foer ...]
onder (lager dan)	onder	[onder]
boven (hoger dan)	oor	[oer]
op (bovenop)	op	[op]
van (uit, afkomstig van)	uit	[œit]
van (gemaakt van)	van	[fan]
over (bijv. ~ een uur)	oor	[oer]
over (over de bovenkant)	oor	[oer]

17. Functiewoorden. Bijwoorden. Deel 1

Waar?	Waar?	[vār?]
hier (bw)	hier	[hir]
daar (bw)	daar	[dār]
ergens (bw)	êrens	[ærɛŋs]
nergens (bw)	nêrens	[nærɛŋs]
bij ... (in de buurt)	by	[baj]
bij het raam	by	[baj]
Waarheen?	Waarheen?	[vārheen?]
hierheen (bw)	hier	[hir]
daarheen (bw)	soontoe	[soentu]
hiervandaan (bw)	hiervandaan	[hirfandān]
daarvandaan (bw)	daarvandaan	[dārfandān]
dichtbij (bw)	naby	[nabaj]
ver (bw)	ver	[fer]

in de buurt (van …)	naby	[nabaj]
dichtbij (bw)	naby	[nabaj]
niet ver (bw)	nie ver nie	[ni fər ni]
linker (bn)	linker-	[linkər-]
links (bw)	op linkerhand	[op linkərhant]
linksaf, naar links (bw)	na links	[na links]
rechter (bn)	regter	[reχtər]
rechts (bw)	op regterhand	[op reχtərhant]
rechtsaf, naar rechts (bw)	na regs	[na reχs]
vooraan (bw)	voor	[foər]
voorste (bn)	voorste	[foərstə]
vooruit (bw)	vooruit	[foərœit]
achter (bw)	agter	[aχtər]
van achteren (bw)	van agter	[fan aχtər]
achteruit (naar achteren)	agtertoe	[aχtərtu]
midden (het)	middel	[middəl]
in het midden (bw)	in die middel	[in di middəl]
opzij (bw)	op die sykant	[op di sajkant]
overal (bw)	orals	[orals]
omheen (bw)	orals rond	[orals ront]
binnenuit (bw)	van binne	[fan binnə]
naar ergens (bw)	êrens	[ærɛŋs]
rechtdoor (bw)	reguit	[reχœit]
terug (bijv. ~ komen)	terug	[teruχ]
ergens vandaan (bw)	êrens vandaan	[ærɛŋs fandān]
ergens vandaan	êrens vandaan	[ærɛŋs fandān]
(en dit geld moet ~ komen)		
ten eerste (bw)	in die eerste plek	[in di eərstə plek]
ten tweede (bw)	in die tweede plek	[in di tweedə plek]
ten derde (bw)	in die derde plek	[in di derdə plek]
plotseling (bw)	skielik	[skilik]
in het begin (bw)	aan die begin	[ān di beχin]
voor de eerste keer (bw)	vir die eerste keer	[fir di eərstə keər]
lang voor … (bw)	lank voordat …	[lank foərdat …]
opnieuw (bw)	opnuut	[opnɪt]
voor eeuwig (bw)	vir goed	[fir χut]
nooit (bw)	nooit	[nojt]
weer (bw)	weer	[veər]
nu (bw)	nou	[næʊ]
vaak (bw)	dikwels	[dikwɛls]
toen (bw)	toe	[tu]
urgent (bw)	dringend	[driŋən]
meestal (bw)	gewoonlik	[χevoənlik]
trouwens, …	terloops, …	[terloəps], […]
(tussen haakjes)		

mogelijk (bw)	moontlik	[moentlik]
waarschijnlijk (bw)	waarskynlik	[vărskajnlik]
misschien (bw)	dalk	[dalk]
trouwens (bw)	trouens...	[træuɛŋs...]
daarom ...	dis hoekom ...	[dis hukom ...]
in weerwil van ...	ondanks ...	[ondanks ...]
dankzij ...	danksy ...	[danksaj ...]
wat (vn)	wat	[vat]
dat (vw)	dat	[dat]
iets (vn)	iets	[its]
iets	iets	[its]
niets (vn)	niks	[niks]
wie (~ is daar?)	wie	[vi]
iemand (een onbekende)	iemand	[imant]
iemand	iemand	[imant]
(een bepaald persoon)		
niemand (vn)	niemand	[nimant]
nergens (bw)	nêrens	[næʀɛŋs]
niemands (bn)	niemand se	[nimant sə]
iemands (bn)	iemand se	[imant sə]
zo (Ik ben ~ blij)	so	[so]
ook (evenals)	ook	[oək]
alsook (eveneens)	ook	[oək]

18. Functiewoorden. Bijwoorden. Deel 2

Waarom?	Waarom?	[vărom?]
omdat ...	omdat ...	[omdat ...]
en (vw)	en	[ɛn]
of (vw)	of	[of]
maar (vw)	maar	[măr]
voor (vz)	vir	[fir]
te (~ veel mensen)	te	[te]
alleen (bw)	net	[net]
precies (bw)	presies	[presis]
ongeveer (~ 10 kg)	ongeveer	[onχəfeər]
omstreeks (bw)	ongeveer	[onχəfeər]
bij benadering (bn)	geraamde	[χerămdə]
bijna (bw)	amper	[ampər]
rest (de)	die res	[di res]
de andere (tweede)	die ander	[di andər]
ander (bn)	ander	[andər]
elk (bn)	elke	[ɛlkə]
om het even welk	enige	[ɛniχə]
veel (grote hoeveelheid)	baie	[baje]
veel mensen	baie mense	[baje mɛŋsə]

iedereen (alle personen)	almal	[almal]
in ruil voor ...	in ruil vir...	[in rœil fir...]
in ruil (bw)	as vergoeding	[as ferχudiŋ]
met de hand (bw)	met die hand	[met di hant]
onwaarschijnlijk (bw)	skaars	[skārs]
waarschijnlijk (bw)	waarskynlik	[vārskajnlik]
met opzet (bw)	opsetlik	[opsetlik]
toevallig (bw)	toevallig	[tufalləχ]
zeer (bw)	baie	[baje]
bijvoorbeeld (bw)	byvoorbeeld	[bajfoərbeəlt]
tussen (~ twee steden)	tussen	[tussən]
tussen (te midden van)	tussen	[tussən]
zoveel (bw)	so baie	[so baje]
vooral (bw)	veral	[feral]

Basisbegrippen Deel 2

19. Dagen van de week

maandag (de)	Maandag	[māndaχ]
dinsdag (de)	Dinsdag	[dinsdaχ]
woensdag (de)	Woensdag	[voɛŋsdaχ]
donderdag (de)	Donderdag	[dondərdaχ]
vrijdag (de)	Vrydag	[frajdaχ]
zaterdag (de)	Saterdag	[satərdaχ]
zondag (de)	Sondag	[sondaχ]
vandaag (bw)	vandag	[fandaχ]
morgen (bw)	môre	[mɔrə]
overmorgen (bw)	oormôre	[oərmɔrə]
gisteren (bw)	gister	[χistər]
eergisteren (bw)	eergister	[eərχistər]
dag (de)	dag	[daχ]
werkdag (de)	werksdag	[vɛrks·daχ]
feestdag (de)	openbare vakansiedag	[openbarə fakaŋsi·daχ]
verlofdag (de)	verlofdag	[fɛrlofdaχ]
weekend (het)	naweek	[naveək]
de hele dag (bw)	die hele dag	[di helə daχ]
de volgende dag (bw)	die volgende dag	[di folχendə daχ]
twee dagen geleden	twee dae gelede	[tveə daə χeledə]
aan de vooravond (bw)	die dag voor	[di daχ foər]
dag-, dagelijks (bn)	daeliks	[daəliks]
elke dag (bw)	elke dag	[ɛlkə daχ]
week (de)	week	[veək]
vorige week (bw)	laas week	[lās veək]
volgende week (bw)	volgende week	[folχendə veək]
wekelijks (bn)	weekliks	[veəkliks]
elke week (bw)	weekliks	[veəkliks]
elke dinsdag	elke Dinsdag	[ɛlkə dinsdaχ]

20. Uren. Dag en nacht

morgen (de)	oggend	[oχent]
's morgens (bw)	soggens	[soχɛŋs]
middag (de)	middag	[middaχ]
's middags (bw)	in die namiddag	[in di namiddaχ]
avond (de)	aand	[ānt]
's avonds (bw)	saans	[sāŋs]
nacht (de)	nag	[naχ]

's nachts (bw)	snags	[snaχs]
middernacht (de)	middernag	[middərnaχ]
seconde (de)	sekonde	[sekondə]
minuut (de)	minuut	[minɪt]
uur (het)	uur	[ɪr]
halfuur (het)	n halfuur	[n halfɪr]
vijftien minuten	vyftien minute	[fajftin minutə]
etmaal (het)	24 ure	[fir-en-twintəχ urə]
zonsopgang (de)	sonop	[son·op]
dageraad (de)	daeraad	[daerãt]
vroege morgen (de)	elke oggend	[ɛlkə oχent]
zonsondergang (de)	sononder	[son·ondər]
's morgens vroeg (bw)	vroegdag	[fruχdaχ]
vanmorgen (bw)	vanmôre	[fanmɔrə]
morgenochtend (bw)	môreoggend	[mɔrə·oχent]
vanmiddag (bw)	vanmiddag	[fanmiddaχ]
's middags (bw)	in die namiddag	[in di namiddaχ]
morgenmiddag (bw)	môremiddag	[mɔrə·middaχ]
vanavond (bw)	vanaand	[fanãnt]
morgenavond (bw)	môreaand	[mɔrə·ãnt]
klokslag drie uur	klokslag 3 uur	[klokslaχ dri ɪr]
ongeveer vier uur	omstreeks 4 uur	[omstreəks fir ɪr]
tegen twaalf uur	teen 12 uur	[teən twalf ɪr]
over twintig minuten	oor twintig minute	[oər twintəχ minutə]
op tijd (bw)	betyds	[betajds]
kwart voor ...	kwart voor ...	[kwart foər ...]
elk kwartier	elke 15 minute	[ɛlkə fajftin minutə]
de klok rond	24 uur per dag	[fir-en-twintəχ pər daχ]

21. Maanden. Seizoenen

januari (de)	Januarie	[januari]
februari (de)	Februarie	[februari]
maart (de)	Maart	[mãrt]
april (de)	April	[april]
mei (de)	Mei	[mæj]
juni (de)	Junie	[juni]
juli (de)	Julie	[juli]
augustus (de)	Augustus	[ɔuχustus]
september (de)	September	[septembər]
oktober (de)	Oktober	[oktobər]
november (de)	November	[nofembər]
december (de)	Desember	[desembər]
lente (de)	lente	[lentə]
in de lente (bw)	in die lente	[in di lentə]

lente- (abn)	lente-	[lente-]
zomer (de)	somer	[somər]
in de zomer (bw)	in die somer	[in di somər]
zomer-, zomers (bn)	somerse	[somersə]
herfst (de)	herfs	[herfs]
in de herfst (bw)	in die herfs	[in di herfs]
herfst- (abn)	herfsagtige	[herfsaχtiχə]
winter (de)	winter	[vintər]
in de winter (bw)	in die winter	[in di vintər]
winter- (abn)	winter-	[vintər-]
maand (de)	maand	[mānt]
deze maand (bw)	hierdie maand	[hirdi mānt]
volgende maand (bw)	volgende maand	[folχendə mānt]
vorige maand (bw)	laasmaand	[lāsmānt]
over twee maanden (bw)	oor twe maande	[oər twə māndə]
de hele maand (bw)	die hele maand	[di helə mānt]
maand-, maandelijks (bn)	maandeliks	[māndəliks]
maandelijks (bw)	maandeliks	[māndəliks]
elke maand (bw)	elke maand	[ɛlkə mānt]
jaar (het)	jaar	[jār]
dit jaar (bw)	hierdie jaar	[hirdi jār]
volgend jaar (bw)	volgende jaar	[folχendə jār]
vorig jaar (bw)	laasjaar	[lāʃār]
over twee jaar	binne twee jaar	[binnə tweə jār]
het hele jaar	die hele jaar	[di helə jār]
elk jaar	elke jaar	[ɛlkə jār]
jaar-, jaarlijks (bn)	jaarliks	[jārliks]
jaarlijks (bw)	jaarliks	[jārliks]
4 keer per jaar	4 keer per jaar	[fir keər pər jār]
datum (de)	datum	[datum]
datum (de)	datum	[datum]
kalender (de)	kalender	[kalendər]
zes maanden	ses maande	[ses māndə]
seizoen (bijv. lente, zomer)	seisoen	[sæjsun]
eeuw (de)	eeu	[iʊ]

22. Meeteenheden

gewicht (het)	gewig	[χeveχ]
lengte (de)	lengte	[leŋtə]
breedte (de)	breedte	[breedtə]
hoogte (de)	hoogte	[hoəχtə]
diepte (de)	diepte	[diptə]
volume (het)	volume	[folumə]

oppervlakte (de)	area	[area]
gram (het)	gram	[xram]
milligram (het)	milligram	[millixram]
kilogram (het)	kilogram	[kiloxram]
ton (duizend kilo)	ton	[ton]
pond (het)	pond	[pont]
ons (het)	ons	[ɔŋs]
meter (de)	meter	[metər]
millimeter (de)	millimeter	[millimetər]
centimeter (de)	sentimeter	[sentimetər]
kilometer (de)	kilometer	[kilometər]
mijl (de)	myl	[majl]
duim (de)	duim	[dœim]
voet (de)	voet	[fut]
yard (de)	jaart	[järt]
vierkante meter (de)	vierkante meter	[firkantə metər]
hectare (de)	hektaar	[hektär]
liter (de)	liter	[litər]
graad (de)	graad	[xrät]
volt (de)	volt	[folt]
ampère (de)	ampère	[ampɛːr]
paardenkracht (de)	perdekrag	[perdə·krax]
hoeveelheid (de)	hoeveelheid	[hufeəlhæjt]
helft (de)	helfte	[hɛlftə]
dozijn (het)	dosyn	[dosajn]
stuk (het)	stuk	[stuk]
afmeting (de)	grootte	[xroettə]
schaal (bijv. ~ van 1 op 50)	skaal	[skäl]
minimaal (bn)	minimaal	[minimäl]
minste (bn)	die kleinste	[di klæjnstə]
medium (bn)	medium	[medium]
maximaal (bn)	maksimaal	[maksimäl]
grootste (bn)	die grootste	[di xroetstə]

23. Containers

glazen pot (de)	glaspot	[xlas·pot]
blik (conserven~)	blikkie	[blikki]
emmer (de)	emmer	[ɛmmər]
ton (bijv. regenton)	drom	[drom]
ronde waterbak (de)	wasbak	[vas·bak]
tank (bijv. watertank-70-ltr)	tenk	[tɛnk]
heupfles (de)	heupfles	[høəp·fles]
jerrycan (de)	petrolblik	[petrol·blik]
tank (bijv. ketelwagen)	tenk	[tɛnk]
beker (de)	beker	[bekər]

kopje (het)	**koppie**	[koppi]
schoteltje (het)	**piering**	[piriŋ]
glas (het)	**glas**	[χlas]
wijnglas (het)	**wynglas**	[vajn·χlas]
pan (de)	**soppot**	[sop·pot]
fles (de)	**bottel**	[bottəl]
flessenhals (de)	**nek**	[nek]
karaf (de)	**kraffie**	[kraffi]
kruik (de)	**kruik**	[krœik]
vat (het)	**houer**	[hæuər]
pot (de)	**pot**	[pot]
vaas (de)	**vaas**	[fãs]
flacon (de)	**bottel**	[bottəl]
flesje (het)	**botteltjie**	[bottɛlki]
tube (bijv. ~ tandpasta)	**buisie**	[bœisi]
zak (bijv. ~ aardappelen)	**sak**	[sak]
tasje (het)	**sak**	[sak]
pakje (~ sigaretten, enz.)	**pakkie**	[pakki]
doos (de)	**kartondoos**	[karton·doəs]
kist (de)	**krat**	[krat]
mand (de)	**mandjie**	[mandʒi]

MENS

Mens. Het lichaam

24. Hoofd

hoofd (het)	kop	[kop]
gezicht (het)	gesig	[χesəχ]
neus (de)	neus	[nøəs]
mond (de)	mond	[mont]
oog (het)	oog	[oəχ]
ogen (mv.)	oë	[oɛ]
pupil (de)	pupil	[pupil]
wenkbrauw (de)	wenkbrou	[vɛnk·bræʊ]
wimper (de)	ooghaar	[oəχ·hār]
ooglid (het)	ooglid	[oəχ·lit]
tong (de)	tong	[toŋ]
tand (de)	tand	[tant]
lippen (mv.)	lippe	[lippə]
jukbeenderen (mv.)	wangbene	[vaŋ·benə]
tandvlees (het)	tandvleis	[tand·flæjs]
gehemelte (het)	verhemelte	[fer·hemɛltə]
neusgaten (mv.)	neusgate	[nøəsχatə]
kin (de)	ken	[ken]
kaak (de)	kakebeen	[kakebeən]
wang (de)	wang	[vaŋ]
voorhoofd (het)	voorhoof	[foərhoəf]
slaap (de)	slaap	[slāp]
oor (het)	oor	[oər]
achterhoofd (het)	agterkop	[aχtərkop]
hals (de)	nek	[nek]
keel (de)	keel	[keəl]
haren (mv.)	haar	[hār]
kapsel (het)	kapsel	[kapsəl]
haarsnit (de)	haarstyl	[hārstajl]
pruik (de)	pruik	[prœik]
snor (de)	snor	[snor]
baard (de)	baard	[bārt]
dragen (een baard, enz.)	dra	[dra]
vlecht (de)	vlegsel	[fleχsəl]
bakkebaarden (mv.)	bakkebaarde	[bakkəbārdə]
ros (roodachtig, rossig)	rooiharig	[roj·harəχ]
grijs (~ haar)	grys	[χrajs]

| kaal (bn) | kaal | [kāl] |
| kale plek (de) | kaal plek | [kāl plek] |

| paardenstaart (de) | poniestert | [poni·stert] |
| pony (de) | gordyntjiekapsel | [χordajnki·kapsəl] |

25. Menselijk lichaam

| hand (de) | hand | [hant] |
| arm (de) | arm | [arm] |

vinger (de)	vinger	[fiŋər]
teen (de)	toon	[toən]
duim (de)	duim	[dœim]
pink (de)	pinkie	[pinki]
nagel (de)	nael	[naəl]

vuist (de)	vuis	[fœis]
handpalm (de)	palm	[palm]
pols (de)	pols	[pols]
voorarm (de)	voorarm	[foərarm]
elleboog (de)	elmboog	[ɛlmboəχ]
schouder (de)	skouer	[skæʋər]

been (rechter ~)	been	[beən]
voet (de)	voet	[fut]
knie (de)	knie	[kni]
kuit (de)	kuit	[kœit]
heup (de)	heup	[høəp]
hiel (de)	hakskeen	[hak·skeən]

lichaam (het)	liggaam	[liχχām]
buik (de)	maag	[māχ]
borst (de)	bors	[bors]
borst (de)	bors	[bors]
zijde (de)	sy	[saj]
rug (de)	rug	[ruχ]
lage rug (de)	lae rug	[laə ruχ]
taille (de)	middel	[middəl]

navel (de)	naeltjie	[naɛlki]
billen (mv.)	boude	[bæʋdə]
achterwerk (het)	sitvlak	[sitflak]

huidvlek (de)	moesie	[musi]
moedervlek (de)	moedervlek	[mudər·flek]
tatoeage (de)	tatoe	[tatu]
litteken (het)	litteken	[littekən]

Kleding en accessoires

26. Bovenkleding. Jassen

kleren (mv.)	klere	[klerə]
bovenkleding (de)	oorklere	[oərklerə]
winterkleding (de)	winterklere	[vintər·klerə]
jas (de)	jas	[jas]
bontjas (de)	pelsjas	[pelʃas]
bontjasje (het)	kort pelsjas	[kort pelʃas]
donzen jas (de)	donsjas	[donʃas]
jasje (bijv. een leren ~)	baadjie	[bādʒi]
regenjas (de)	reënjas	[rɛnjas]
waterdicht (bn)	waterdig	[vatərdəχ]

27. Heren & dames kleding

overhemd (het)	hemp	[hemp]
broek (de)	broek	[bruk]
jeans (de)	denimbroek	[denim·bruk]
colbert (de)	baadjie	[bādʒi]
kostuum (het)	pak	[pak]
jurk (de)	rok	[rok]
rok (de)	romp	[romp]
blouse (de)	bloes	[blus]
wollen vest (de)	gebreide baadjie	[χebræjdə bādʒi]
blazer (kort jasje)	baadjie	[bādʒi]
T-shirt (het)	T-hemp	[te-hemp]
shorts (mv.)	kortbroek	[kort·bruk]
trainingspak (het)	sweetpak	[sweet·pak]
badjas (de)	badjas	[batjas]
pyjama (de)	pajama	[pajama]
sweater (de)	trui	[trœi]
pullover (de)	trui	[trœi]
gilet (het)	onderbaadjie	[ondər·bādʒi]
rokkostuum (het)	swaelstertbaadjie	[swaɛlstert·bādʒi]
smoking (de)	aandpak	[āntpak]
uniform (het)	uniform	[uniform]
werkkleding (de)	werksklere	[verks·klerə]
overall (de)	oorpak	[oərpak]
doktersjas (de)	jas	[jas]

28. Kleding. Ondergoed

ondergoed (het)	onderklere	[ondərklerə]
herenslip (de)	onderbroek	[ondərbruk]
slipjes (mv.)	onderbroek	[ondərbruk]
onderhemd (het)	frokkie	[frokki]
sokken (mv.)	sokkies	[sokkis]
nachthemd (het)	nagrok	[naχrok]
beha (de)	bra	[bra]
kniekousen (mv.)	kniekouse	[kni·kæʊsə]
panty (de)	kousbroek	[kæʊsbruk]
nylonkousen (mv.)	kouse	[kæʊsə]
badpak (het)	baaikostuum	[bǎj·kostɪm]

29. Hoofddeksels

hoed (de)	hoed	[hut]
deukhoed (de)	hoed	[hut]
honkbalpet (de)	bofbalpet	[bofbal·pet]
kleppet (de)	pet	[pet]
baret (de)	mus	[mus]
kap (de)	kap	[kap]
panamahoed (de)	panamahoed	[panama·hut]
gebreide muts (de)	gebreide mus	[χebræjdə mus]
hoofddoek (de)	kopdoek	[kopduk]
dameshoed (de)	dameshoed	[dames·hut]
veiligheidshelm (de)	veiligheidshelm	[fæjliχæjts·hɛlm]
veldmuts (de)	mus	[mus]
helm, valhelm (de)	helmet	[hɛlmet]
bolhoed (de)	bolhoed	[bolhut]
hoge hoed (de)	hoëhoed	[hoɛhut]

30. Schoeisel

schoeisel (het)	skoeisel	[skuisəl]
schoenen (mv.)	mansskoene	[maŋs·skunə]
vrouwenschoenen (mv.)	damesskoene	[dames·skunə]
laarzen (mv.)	laarse	[lɑrsə]
pantoffels (mv.)	pantoffels	[pantoffəls]
sportschoenen (mv.)	tennisskoene	[tɛnnis·skunə]
sneakers (mv.)	tekkies	[tɛkkis]
sandalen (mv.)	sandale	[sandalə]
schoenlapper (de)	skoenmaker	[skun·makər]
hiel (de)	hak	[hak]

paar (een ~ schoenen)	paar	[pār]
veter (de)	skoenveter	[skun·fetər]
rijgen (schoenen ~)	ryg	[rajχ]
schoenlepel (de)	skoenlepel	[skun·lepəl]
schoensmeer (de/het)	skoenpolitoer	[skun·politur]

31. Persoonlijke accessoires

handschoenen (mv.)	handskoene	[handskunə]
wanten (mv.)	duimhandskoene	[dœim·handskunə]
sjaal (fleece ~)	serp	[sɛrp]
bril (de)	bril	[bril]
brilmontuur (het)	raam	[rām]
paraplu (de)	sambreel	[sambreəl]
wandelstok (de)	wandelstok	[vandəl·stok]
haarborstel (de)	haarborsel	[hār·borsəl]
waaier (de)	waaier	[vājer]
das (de)	das	[das]
strikje (het)	strikkie	[strikki]
bretels (mv.)	kruisbande	[krœis·bandə]
zakdoek (de)	sakdoek	[sakduk]
kam (de)	kam	[kam]
haarspeldje (het)	haarspeld	[hārs·pɛlt]
schuifspeldje (het)	haarpen	[hār·pen]
gesp (de)	gespe	[χespə]
broekriem (de)	belt	[bɛlt]
draagriem (de)	skouerband	[skæʋer·bant]
handtas (de)	handsak	[hand·sak]
damestas (de)	beursie	[bøərsi]
rugzak (de)	rugsak	[ruχsak]

32. Kleding. Diversen

mode (de)	mode	[modə]
de mode (bn)	in die mode	[in di modə]
kledingstilist (de)	modeontwerper	[modə·ontwerpər]
kraag (de)	kraag	[krāχ]
zak (de)	sak	[sak]
zak- (abn)	sak-	[sak-]
mouw (de)	mou	[mæʋ]
lusje (het)	lussie	[lussi]
gulp (de)	gulp	[χulp]
rits (de)	ritssluiter	[rits·slœiter]
sluiting (de)	vasmaker	[fasmakər]
knoop (de)	knoop	[knoəp]

| knoopsgat (het) | knoopsgat | [knoəps·χat] |
| losraken (bijv. knopen) | loskom | [loskom] |

naaien (kleren, enz.)	naai	[nāi]
borduren (ww)	borduur	[bordɪr]
borduursel (het)	borduurwerk	[bordɪr·werk]
naald (de)	naald	[nālt]
draad (de)	garing	[χariŋ]
naad (de)	soom	[soəm]

vies worden (ww)	vuil word	[fœil vort]
vlek (de)	vlek	[flek]
gekreukt raken (ov. kleren)	kreukel	[krøəkəl]
scheuren (ov.ww.)	skeur	[skøər]
mot (de)	mot	[mot]

33. Persoonlijke verzorging. Schoonheidsmiddelen

tandpasta (de)	tandepasta	[tandə·pasta]
tandenborstel (de)	tandeborsel	[tandə·borsəl]
tanden poetsen (ww)	tande borsel	[tandə borsəl]

scheermes (het)	skeermes	[skeər·mes]
scheerschuim (het)	skeerroom	[skeər·roəm]
zich scheren (ww)	skeer	[skeər]

| zeep (de) | seep | [seəp] |
| shampoo (de) | sjampoe | [ʃampu] |

schaar (de)	skêr	[skær]
nagelvijl (de)	naelvyl	[naɛl·fajl]
nagelknipper (de)	naelknipper	[naɛl·knippər]
pincet (het)	haartangetjie	[hārtaŋəki]

cosmetica (mv.)	kosmetika	[kosmetika]
masker (het)	gesigmasker	[χesiχ·maskər]
manicure (de)	manikuur	[manikɪr]
manicure doen	laat manikuur	[lāt manikɪr]
pedicure (de)	voetbehandeling	[fut·behandeliŋ]

cosmetica tasje (het)	kosmetika tassie	[kosmetika tassi]
poeder (de/het)	gesigpoeier	[χesiχ·pujer]
poederdoos (de)	poeierdosie	[pujer·dosi]
rouge (de)	blosser	[blossər]

parfum (de/het)	parfuum	[parfɪm]
eau de toilet (de)	reukwater	[røək·vatər]
lotion (de)	vloeiroom	[flui·roəm]
eau de cologne (de)	reukwater	[røək·vatər]

oogschaduw (de)	oogskadu	[oəχ·skadu]
oogpotlood (het)	oogomlyner	[oəχ·omlajnər]
mascara (de)	maskara	[maskara]
lippenstift (de)	lipstiffie	[lip·stiffi]

nagellak (de)	naellak	[naɛl·lak]
haarlak (de)	haarsproei	[hārs·prui]
deodorant (de)	reukweermiddel	[røək·veərmiddəl]

crème (de)	room	[roəm]
gezichtscrème (de)	gesigroom	[χesiχ·roəm]
handcrème (de)	handroom	[hand·roəm]
antirimpelcrème (de)	antirimpelroom	[antirimpəl·roəm]
dagcrème (de)	dagroom	[daχ·roəm]
nachtcrème (de)	nagroom	[naχ·roəm]
dag- (abn)	dag-	[daχ-]
nacht- (abn)	nag-	[naχ-]

tampon (de)	tampon	[tampon]
toiletpapier (het)	toiletpapier	[tojlet·papir]
föhn (de)	haardroër	[hār·droɛr]

34. Horloges. Klokken

polshorloge (het)	polshorlosie	[pols·horlosi]
wijzerplaat (de)	wyserplaat	[vajsər·plāt]
wijzer (de)	wyster	[vajstər]
metalen horlogeband (de)	metaal horlosiebandjie	[metāl horlosi·bandʒi]
horlogebandje (het)	horlosiebandjie	[horlosi·bandʒi]

batterij (de)	battery	[battəraj]
leeg zijn (ww)	pap wees	[pap veəs]
voorlopen (ww)	voorloop	[foərloəp]
achterlopen (ww)	agterloop	[aχtərloəp]

wandklok (de)	muurhorlosie	[mɪr·horlosi]
zandloper (de)	uurglas	[ɪr·χlas]
zonnewijzer (de)	sonwyser	[son·wajsər]
wekker (de)	wekker	[vɛkkər]
horlogemaker (de)	horlosiemaker	[horlosi·makər]
repareren (ww)	herstel	[herstəl]

Voedsel. Voeding

35. Voedsel

vlees (het)	vleis	[flæjs]
kip (de)	hoender	[hundər]
kuiken (het)	braaikuiken	[brāj·kœiken]
eend (de)	eend	[eent]
gans (de)	gans	[χaŋs]
wild (het)	wild	[vilt]
kalkoen (de)	kalkoen	[kalkun]
varkensvlees (het)	varkvleis	[fark·flæjs]
kalfsvlees (het)	kalfsvleis	[kalfs·flæjs]
schapenvlees (het)	lamsvleis	[lams·flæjs]
rundvlees (het)	beesvleis	[bees·flæjs]
konijnenvlees (het)	konynvleis	[konajn·flæjs]
worst (de)	wors	[vors]
saucijs (de)	Weense worsie	[veɛŋsə vorsi]
spek (het)	spek	[spek]
ham (de)	ham	[ham]
gerookte achterham (de)	gerookte ham	[χeroəktə ham]
paté (de)	patee	[pateə]
lever (de)	lewer	[levər]
gehakt (het)	maalvleis	[māl·flæjs]
tong (de)	tong	[toŋ]
ei (het)	eier	[æjer]
eieren (mv.)	eiers	[æjers]
eiwit (het)	eierwit	[æjer·wit]
eigeel (het)	dooier	[dojer]
vis (de)	vis	[fis]
zeevruchten (mv.)	seekos	[see·kos]
schaaldieren (mv.)	skaaldiere	[skāldirə]
kaviaar (de)	kaviaar	[kafiār]
krab (de)	krab	[krap]
garnaal (de)	garnaal	[χarnāl]
oester (de)	oester	[ustər]
langoest (de)	seekreef	[see·kreəf]
octopus (de)	seekat	[see·kat]
inktvis (de)	pylinkvis	[pajl·inkfis]
steur (de)	steur	[støər]
zalm (de)	salm	[salm]
heilbot (de)	heilbot	[hæjlbot]
kabeljauw (de)	kabeljou	[kabeljæʊ]

makreel (de)	makriel	[makril]
tonijn (de)	tuna	[tuna]
paling (de)	paling	[paliŋ]
forel (de)	forel	[forəl]
sardine (de)	sardyn	[sardajn]
snoek (de)	varswatersnoek	[farswatər·snuk]
haring (de)	haring	[hariŋ]
brood (het)	brood	[broət]
kaas (de)	kaas	[kās]
suiker (de)	suiker	[sœikər]
zout (het)	sout	[sæʊt]
rijst (de)	rys	[rajs]
pasta (de)	pasta	[pasta]
noedels (mv.)	noedels	[nudɛls]
boter (de)	botter	[bottər]
plantaardige olie (de)	plantaardige olie	[plantãrdiχə oli]
zonnebloemolie (de)	sonblomolie	[sonblom·oli]
margarine (de)	margarien	[marχarin]
olijven (mv.)	olywe	[olajvə]
olijfolie (de)	olyfolie	[olajf·oli]
melk (de)	melk	[melk]
gecondenseerde melk (de)	kondensmelk	[kondɛŋs·melk]
yoghurt (de)	jogurt	[joχurt]
zure room (de)	suurroom	[sɪr·roəm]
room (de)	room	[roəm]
mayonaise (de)	mayonnaise	[majonɛs]
crème (de)	crème	[krɛm]
graan (het)	ontbytgraan	[ontbajt·χrān]
meel (het), bloem (de)	meelblom	[meəl·blom]
conserven (mv.)	blikkieskos	[blikkis·kos]
maïsvlokken (mv.)	mielievlokkies	[mili·flokkis]
honing (de)	heuning	[høənin]
jam (de)	konfyt	[konfajt]
kauwgom (de)	kougom	[kæʊχom]

36. Drankjes

water (het)	water	[vatər]
drinkwater (het)	drinkwater	[drink·vatər]
mineraalwater (het)	mineraalwater	[minerāl·vatər]
zonder gas	sonder gas	[sondər χas]
koolzuurhoudend (bn)	soda-	[soda-]
bruisend (bn)	bruis-	[brœis-]
ijs (het)	ys	[ajs]

met ijs	met ys	[met ajs]
alcohol vrij (bn)	nie-alkoholies	[ni-alkoholis]
alcohol vrije drank (de)	koeldrank	[kul·drank]
frisdrank (de)	verfrissende drank	[ferfrissəndə drank]
limonade (de)	limonade	[limonadə]
alcoholische dranken (mv.)	likeure	[likøərə]
wijn (de)	wyn	[vajn]
witte wijn (de)	witwyn	[vit·vajn]
rode wijn (de)	rooiwyn	[roj·vajn]
likeur (de)	likeur	[likøər]
champagne (de)	sjampanje	[ʃampanje]
vermout (de)	vermoet	[fermut]
whisky (de)	whisky	[vhiskaj]
wodka (de)	vodka	[fodka]
gin (de)	jenever	[jenefər]
cognac (de)	brandewyn	[brandə·vajn]
rum (de)	rum	[rum]
koffie (de)	koffie	[koffi]
zwarte koffie (de)	swart koffie	[swart koffi]
koffie (de) met melk	koffie met melk	[koffi met melk]
cappuccino (de)	capuccino	[kaputʃino]
oploskoffie (de)	poeierkoffie	[pujer·koffi]
melk (de)	melk	[melk]
cocktail (de)	mengeldrankie	[menχəl·dranki]
milkshake (de)	melkskommel	[melk·skomməl]
sap (het)	sap	[sap]
tomatensap (het)	tamatiesap	[tamati·sap]
sinaasappelsap (het)	lemoensap	[lemoen·sap]
vers geperst sap (het)	vars geparste sap	[fars χeparstə sap]
bier (het)	bier	[bir]
licht bier (het)	ligte bier	[liχtə bir]
donker bier (het)	donker bier	[donkər bir]
thee (de)	tee	[teə]
zwarte thee (de)	swart tee	[swart teə]
groene thee (de)	groen tee	[χrun teə]

37. Groenten

groenten (mv.)	groente	[χruntə]
verse kruiden (mv.)	groente	[χruntə]
tomaat (de)	tamatie	[tamati]
augurk (de)	komkommer	[komkommər]
wortel (de)	wortel	[vortəl]
aardappel (de)	aartappel	[ārtappel]
ui (de)	ui	[œi]

knoflook (de)	knoffel	[knoffəl]
kool (de)	kool	[koəl]
bloemkool (de)	blomkool	[blom·koəl]
spruitkool (de)	Brusselspruite	[brussɛl·sprœitə]
broccoli (de)	broccoli	[brokoli]
rode biet (de)	beet	[beət]
aubergine (de)	eiervrug	[æjerfruχ]
courgette (de)	vingerskorsie	[fiŋər·skorsi]
pompoen (de)	pampoen	[pampun]
raap (de)	raap	[rãp]
peterselie (de)	pietersielie	[pitərsili]
dille (de)	dille	[dillə]
sla (de)	slaai	[slãi]
selderij (de)	seldery	[selderaj]
asperge (de)	aspersie	[aspersi]
spinazie (de)	spinasie	[spinasi]
erwt (de)	ertjie	[ɛrki]
bonen (mv.)	boontjies	[boənkis]
maïs (de)	mielie	[mili]
boon (de)	nierboontjie	[nir·boənki]
peper (de)	paprika	[paprika]
radijs (de)	radys	[radajs]
artisjok (de)	artisjok	[artiʃok]

38. Vruchten. Noten

vrucht (de)	vrugte	[fruχtə]
appel (de)	appel	[appəl]
peer (de)	peer	[peər]
citroen (de)	suurlemoen	[sɪr·lemun]
sinaasappel (de)	lemoen	[lemun]
aardbei (de)	aarbei	[ãrbæj]
mandarijn (de)	nartjie	[narki]
pruim (de)	pruim	[prœim]
perzik (de)	perske	[perskə]
abrikoos (de)	appelkoos	[appɛlkoəs]
framboos (de)	framboos	[framboəs]
ananas (de)	pynappel	[pajnappəl]
banaan (de)	piesang	[pisaŋ]
watermeloen (de)	waatlemoen	[vãtlemun]
druif (de)	druif	[drœif]
kers (de)	kersie	[kersi]
zure kers (de)	suurkersie	[sɪr·kersi]
zoete kers (de)	soetkersie	[sut·kersi]
meloen (de)	spanspek	[spaŋspek]
grapefruit (de)	pomelo	[pomelo]
avocado (de)	avokado	[afokado]

papaja (de)	papaja	[papaja]
mango (de)	mango	[manχo]
granaatappel (de)	granaat	[χranãt]
rode bes (de)	rooi aalbessie	[roj ãlbɛssi]
zwarte bes (de)	swartbessie	[swartbɛssi]
kruisbes (de)	appelliefie	[appɛllifi]
bosbes (de)	bosbessie	[bosbɛssi]
braambes (de)	braambessie	[brãmbɛssi]
rozijn (de)	rosyntjie	[rosajnki]
vijg (de)	vy	[faj]
dadel (de)	dadel	[dadəl]
pinda (de)	grondboontjie	[χront·boənki]
amandel (de)	amandel	[amandəl]
walnoot (de)	okkerneut	[okkər·nøət]
hazelnoot (de)	haselneut	[hasɛl·nøət]
kokosnoot (de)	klapper	[klappər]
pistaches (mv.)	pistachio	[pistatʃio]

39. Brood. Snoep

suikerbakkerij (de)	soet gebak	[sut χebak]
brood (het)	brood	[broət]
koekje (het)	koekies	[kukis]
chocolade (de)	sjokolade	[ʃokoladə]
chocolade- (abn)	sjokolade	[ʃokoladə]
snoepje (het)	lekkers	[lɛkkərs]
cakeje (het)	koek	[kuk]
taart (bijv. verjaardags~)	koek	[kuk]
pastei (de)	pastei	[pastæj]
vulling (de)	vulsel	[fulsəl]
confituur (de)	konfyt	[konfajt]
marmelade (de)	marmelade	[marmeladə]
wafel (de)	wafels	[vafɛls]
ijsje (het)	roomys	[roəm·ajs]
pudding (de)	poeding	[pudiŋ]

40. Bereide gerechten

gerecht (het)	gereg	[χerəχ]
keuken (bijv. Franse ~)	kookkuns	[koək·kuns]
recept (het)	resep	[resep]
portie (de)	porsie	[porsi]
salade (de)	slaai	[slãi]
soep (de)	sop	[sop]
bouillon (de)	helder sop	[hɛldər sop]

boterham (de)	toebroodjie	[tubroədʒi]
spiegelei (het)	gabakte eiers	[χabaktə æjers]
hamburger (de)	hamburger	[hamburχər]
biefstuk (de)	biefstuk	[bifstuk]
garnering (de)	sygereg	[saj·χerəχ]
spaghetti (de)	spaghetti	[spaχɛtti]
aardappelpuree (de)	kapokaartappels	[kapok·ārtappəls]
pizza (de)	pizza	[pizza]
pap (de)	pap	[pap]
omelet (de)	omelet	[omələt]
gekookt (in water)	gekook	[χekoək]
gerookt (bn)	gerook	[χeroək]
gebakken (bn)	gebak	[χebak]
gedroogd (bn)	gedroog	[χedroəχ]
diepvries (bn)	gevries	[χefris]
gemarineerd (bn)	gepiekel	[χepikəl]
zoet (bn)	soet	[sut]
gezouten (bn)	sout	[sæʊt]
koud (bn)	koud	[kæʊt]
heet (bn)	warm	[varm]
bitter (bn)	bitter	[bittər]
lekker (bn)	smaaklik	[smāklik]
koken (in kokend water)	kook in water	[koək in vatər]
bereiden (avondmaaltijd ~)	kook	[koək]
bakken (ww)	braai	[braj]
opwarmen (ww)	opwarm	[opwarm]
zouten (ww)	sout	[sæʊt]
peperen (ww)	peper	[pepər]
raspen (ww)	rasp	[rasp]
schil (de)	skil	[skil]
schillen (ww)	skil	[skil]

41. Kruiden

zout (het)	sout	[sæʊt]
gezouten (bn)	sout	[sæʊt]
zouten (ww)	sout	[sæʊt]
zwarte peper (de)	swart peper	[swart pepər]
rode peper (de)	rooi peper	[roj pepər]
mosterd (de)	mosterd	[mostert]
mierikswortel (de)	peperwortel	[peper·wortəl]
condiment (het)	smaakmiddel	[smāk·middəl]
specerij, kruiderij (de)	spesery	[spesəraj]
saus (de)	sous	[sæʊs]
azijn (de)	asyn	[asajn]
anijs (de)	anys	[anajs]

basilicum (de)	basilikum	[basilikum]
kruidnagel (de)	naeltjies	[naɛlkis]
gember (de)	gemmer	[χɛmmər]
koriander (de)	koljander	[koljandər]
kaneel (de/het)	kaneel	[kaneəl]
sesamzaad (het)	sesamsaad	[sesam·sāt]
laurierblad (het)	lourierblaar	[læurir·blār]
paprika (de)	paprika	[paprika]
komijn (de)	komynsaad	[komajnsāt]
saffraan (de)	saffraan	[saffrān]

42. Maaltijden

eten (het)	kos	[kos]
eten (ww)	eet	[eət]
ontbijt (het)	ontbyt	[ontbajt]
ontbijten (ww)	ontbyt	[ontbajt]
lunch (de)	middagete	[middaχ·etə]
lunchen (ww)	gaan eet	[χān eət]
avondeten (het)	aandete	[āndetə]
souperen (ww)	aandete gebruik	[āndetə χebrœik]
eetlust (de)	aptyt	[aptajt]
Eet smakelijk!	Smaaklike ete!	[smāklikə etə!]
openen (een fles ~)	oopmaak	[oəpmāk]
morsen (koffie, enz.)	mors	[mors]
zijn gemorst	mors	[mors]
koken (water kookt bij 100°C)	kook	[koək]
koken (Hoe om water te ~)	kook	[koək]
gekookt (~ water)	gekook	[χekoək]
afkoelen (koeler maken)	laat afkoel	[lāt afkul]
afkoelen (koeler worden)	afkoel	[afkul]
smaak (de)	smaak	[smāk]
nasmaak (de)	nasmaak	[nasmāk]
volgen een dieet	vermaer	[fermaər]
dieet (het)	dieet	[diət]
vitamine (de)	vitamien	[fitamin]
calorie (de)	kalorie	[kalori]
vegetariër (de)	vegetariër	[feχetariɛr]
vegetarisch (bn)	vegetaries	[feχetaris]
vetten (mv.)	vette	[fɛttə]
eiwitten (mv.)	proteïen	[proteïen]
koolhydraten (mv.)	koolhidrate	[koəlhidratə]
snede (de)	snytjie	[snajki]
stuk (bijv. een ~ taart)	stuk	[stuk]
kruimel (de)	krummel	[krumməl]

43. Tafelschikking

lepel (de)	lepel	[lepəl]
mes (het)	mes	[mes]
vork (de)	vurk	[furk]

kopje (het)	koppie	[koppi]
bord (het)	bord	[bort]
schoteltje (het)	piering	[piriŋ]
servet (het)	servet	[serfət]
tandenstoker (de)	tandestokkie	[tandə·stokki]

44. Restaurant

restaurant (het)	restaurant	[restɔurant]
koffiehuis (het)	koffiekroeg	[koffi·kruχ]
bar (de)	kroeg	[kruχ]
tearoom (de)	teekamer	[teə·kamər]

kelner, ober (de)	kelner	[kɛlnər]
serveerster (de)	kelnerin	[kɛlnərin]
barman (de)	kroegman	[kruχman]

menu (het)	spyskaart	[spajs·kãrt]
wijnkaart (de)	wyn	[vajn]
een tafel reserveren	wynkaart	[vajn·kãrt]

gerecht (het)	gereg	[χerəχ]
bestellen (eten ~)	bestel	[bestəl]
een bestelling maken	bestel	[bestəl]

aperitief (de/het)	drankie	[dranki]
voorgerecht (het)	voorgereg	[foərχerəχ]
dessert (het)	nagereg	[naχerəχ]

rekening (de)	rekening	[rekəniŋ]
de rekening betalen	die rekening betaal	[di rekeniŋ betãl]
wisselgeld teruggeven	kleingeld gee	[klæjn·χɛlt χeə]
fooi (de)	fooitjie	[fojki]

Familie, verwanten en vrienden

45. Persoonlijke informatie. Formulieren

naam (de)	voornaam	[foərnãm]
achternaam (de)	van	[fan]
geboortedatum (de)	geboortedatum	[χeboərtə·datum]
geboorteplaats (de)	geboorteplek	[χeboərtə·plek]
nationaliteit (de)	nasionaliteit	[naʃionalitæjt]
woonplaats (de)	woonplek	[voən·plek]
land (het)	land	[lant]
beroep (het)	beroep	[berup]
geslacht	geslag	[χeslaχ]
(ov. het vrouwelijk ~)		
lengte (de)	lengte	[leŋtə]
gewicht (het)	gewig	[χeveχ]

46. Familieleden. Verwanten

moeder (de)	moeder	[mudər]
vader (de)	vader	[fadər]
zoon (de)	seun	[søən]
dochter (de)	dogter	[doχtər]
jongste dochter (de)	jonger dogter	[joŋər doχtər]
jongste zoon (de)	jonger seun	[joŋər søən]
oudste dochter (de)	oudste dogter	[æudstə doχtər]
oudste zoon (de)	oudste seun	[æudstə søən]
broer (de)	broer	[brur]
oudere broer (de)	ouer broer	[æuer brur]
jongere broer (de)	jonger broer	[joŋər brur]
zuster (de)	suster	[sustər]
oudere zuster (de)	ouer suster	[æuer sustər]
jongere zuster (de)	jonger suster	[joŋər sustər]
neef (zoon van oom, tante)	neef	[neəf]
nicht (dochter van oom, tante)	neef	[neəf]
mama (de)	ma	[ma]
papa (de)	pa	[pa]
ouders (mv.)	ouers	[æuers]
kind (het)	kind	[kint]
kinderen (mv.)	kinders	[kindərs]
oma (de)	ouma	[æuma]

opa (de)	**oupa**	[æʊpa]
kleinzoon (de)	**kleinseun**	[klæjn·søən]
kleindochter (de)	**kleindogter**	[klæjn·doχtər]
kleinkinderen (mv.)	**kleinkinders**	[klæjn·kindərs]
oom (de)	**oom**	[oəm]
tante (de)	**tante**	[tantə]
neef (zoon van broer, zus)	**neef**	[neəf]
nicht (dochter van broer, zus)	**nig**	[niχ]
schoonmoeder (de)	**skoonma**	[skoən·ma]
schoonvader (de)	**skoonpa**	[skoən·pa]
schoonzoon (de)	**skoonseun**	[skoən·søən]
stiefmoeder (de)	**stiefma**	[stifma]
stiefvader (de)	**stiefpa**	[stifpa]
zuigeling (de)	**baba**	[baba]
wiegenkind (het)	**baba**	[baba]
kleuter (de)	**seuntjie**	[søənki]
vrouw (de)	**vrou**	[fræʊ]
man (de)	**man**	[man]
echtgenoot (de)	**eggenoot**	[ɛχχenoət]
echtgenote (de)	**eggenote**	[ɛχχenotə]
gehuwd (mann.)	**getroud**	[χetræʊt]
gehuwd (vrouw.)	**getroud**	[χetræʊt]
ongehuwd (mann.)	**ongetroud**	[onχetræʊt]
vrijgezel (de)	**vrygesel**	[frajχesəl]
gescheiden (bn)	**geskei**	[χeskæj]
weduwe (de)	**weduwee**	[veduveə]
weduwnaar (de)	**wedunaar**	[vedunār]
familielid (het)	**familielid**	[famililit]
dichte familielid (het)	**na familie**	[na famili]
verre familielid (het)	**ver familie**	[fer famili]
familieleden (mv.)	**familielede**	[famililedə]
wees (de), weeskind (het)	**weeskind**	[veəskint]
voogd (de)	**voog**	[foəχ]
adopteren (een jongen te ~)	**aanneem**	[ānneəm]
adopteren (een meisje te ~)	**aanneem**	[ānneəm]

Geneeskunde

47. Ziekten

ziekte (de)	siekte	[siktə]
ziek zijn (ww)	siek wees	[sik veəs]
gezondheid (de)	gesondheid	[χesonthæjt]
snotneus (de)	loopneus	[loəpnøəs]
angina (de)	keelontsteking	[keəl·ontstekiŋ]
verkoudheid (de)	verkoue	[ferkæυə]
bronchitis (de)	bronchitis	[bronχitis]
longontsteking (de)	longontsteking	[loŋ·ontstekiŋ]
griep (de)	griep	[χrip]
bijziend (bn)	bysiende	[bajsində]
verziend (bn)	versiende	[fersində]
scheelheid (de)	skeelheid	[skeəlhæjt]
scheel (bn)	skeel	[skeəl]
grauwe staar (de)	katarak	[katarak]
glaucoom (het)	gloukoom	[χlæυkoəm]
beroerte (de)	beroerte	[berurtə]
hartinfarct (het)	hartaanval	[hart·ānfal]
myocardiaal infarct (het)	hartinfark	[hart·infark]
verlamming (de)	verlamming	[ferlammiŋ]
verlammen (ww)	verlam	[ferlam]
allergie (de)	allergie	[allerχi]
astma (de/het)	asma	[asma]
diabetes (de)	suikersiekte	[sœikər·siktə]
tandpijn (de)	tandpyn	[tand·pajn]
tandbederf (het)	tandbederf	[tand·bederf]
diarree (de)	diarree	[diarreə]
constipatie (de)	hardlywigheid	[hardlajviχæjt]
maagstoornis (de)	maagongesteldheid	[māχ·oŋəstɛldhæjt]
voedselvergiftiging (de)	voedselvergiftiging	[fudsəl·ferχiftəχiŋ]
voedselvergiftiging oplopen	voedselvergiftiging kry	[fudsəl·ferχiftəχiŋ kraj]
artritis (de)	artritis	[artritis]
rachitis (de)	Engelse siekte	[ɛŋəlsə siktə]
reuma (het)	reumatiek	[røəmatik]
arteriosclerose (de)	artrosklerose	[artroskleroseə]
gastritis (de)	maagontsteking	[māχ·ontstekiŋ]
blindedarmontsteking (de)	blindedermontsteking	[blindəderm·ontstekiŋ]
galblaasontsteking (de)	galblaasontsteking	[χalblās·ontstekiŋ]

zweer (de)	maagsweer	[mãχsweer]
mazelen (mv.)	masels	[masɛls]
rodehond (de)	Duitse masels	[dœitsə masɛls]
geelzucht (de)	geelsug	[χeəlsuχ]
leverontsteking (de)	hepatitis	[hepatitis]
schizofrenie (de)	skisofrenie	[skisofreni]
dolheid (de)	hondsdolheid	[hondsdolhæjt]
neurose (de)	neurose	[ŋøərosə]
hersenschudding (de)	harsingskudding	[harsiŋ·skuddiŋ]
kanker (de)	kanker	[kankər]
sclerose (de)	sklerose	[sklerosə]
multiple sclerose (de)	veelvuldige sklerose	[feəlfuldiχə sklerosə]
alcoholisme (het)	alkoholisme	[alkoholismə]
alcoholicus (de)	alkoholikus	[alkoholikus]
syfilis (de)	sifilis	[sifilis]
AIDS (de)	VIGS	[vigs]
tumor (de)	tumor	[tumor]
kwaadaardig (bn)	kwaadaardig	[kwãdãrdəχ]
goedaardig (bn)	goedaardig	[χudãrdəχ]
koorts (de)	koors	[koərs]
malaria (de)	malaria	[malaria]
gangreen (het)	gangreen	[χanχreən]
zeeziekte (de)	seesiekte	[seə·siktə]
epilepsie (de)	epilepsie	[ɛpilepsi]
epidemie (de)	epidemie	[ɛpidemi]
tyfus (de)	tifus	[tifus]
tuberculose (de)	tuberkulose	[tuberkulosə]
cholera (de)	cholera	[χolera]
pest (de)	pes	[pes]

48. Symptomen. Behandelingen. Deel 1

symptoom (het)	simptoom	[simptoəm]
temperatuur (de)	temperatuur	[temperatɪr]
verhoogde temperatuur (de)	koors	[koərs]
polsslag (de)	polsslag	[pols·slaχ]
duizeling (de)	duiseligheid	[dœiseliχæjt]
heet (erg warm)	warm	[varm]
koude rillingen (mv.)	koue rillings	[kæʊə rilliŋs]
bleek (bn)	bleek	[bleək]
hoest (de)	hoes	[hus]
hoesten (ww)	hoes	[hus]
niezen (ww)	nies	[nis]
flauwte (de)	floute	[flæʊtə]
flauwvallen (ww)	flou word	[flæʊ vort]
blauwe plek (de)	blou kol	[blæʊ kol]

buil (de)	knop	[knop]
zich stoten (ww)	stamp	[stamp]
kneuzing (de)	besering	[beseriŋ]
hinken (ww)	hink	[hink]
verstuiking (de)	ontwrigting	[ontwriχtiŋ]
verstuiken (enkel, enz.)	ontwrig	[ontwrəχ]
breuk (de)	breuk	[brøək]
een breuk oplopen	n breuk hê	[n brøək hɛ:]
snijwond (de)	sny	[snaj]
zich snijden (ww)	jouself sny	[jæusɛlf snaj]
bloeding (de)	bloeding	[bludiŋ]
brandwond (de)	brandwond	[brant·vont]
zich branden (ww)	jouself brand	[jæusɛlf brant]
prikken (ww)	prik	[prik]
zich prikken (ww)	jouself prik	[jæusɛlf prik]
blesseren (ww)	seermaak	[seərmāk]
blessure (letsel)	besering	[beseriŋ]
wond (de)	wond	[vont]
trauma (het)	trauma	[trɔuma]
IJlen (ww)	yl	[ajl]
stotteren (ww)	stotter	[stottər]
zonnesteek (de)	sonsteek	[sɔŋ·steək]

49. Symptomen. Behandelingen. Deel 2

pijn (de)	pyn	[pajn]
splinter (de)	splinter	[splintər]
zweet (het)	sweet	[sweət]
zweten (ww)	sweet	[sweət]
braking (de)	braak	[brāk]
stuiptrekkingen (mv.)	stuiptrekkings	[stœip·trɛkkiŋs]
zwanger (bn)	swanger	[swaŋər]
geboren worden (ww)	gebore word	[χeborə vort]
geboorte (de)	geboorte	[χeboərtə]
baren (ww)	baar	[bār]
abortus (de)	aborsie	[aborsi]
ademhaling (de)	asemhaling	[asemhaliŋ]
inademing (de)	inaseming	[inasemiŋ]
uitademing (de)	uitaseming	[œitasemiŋ]
uitademen (ww)	uitasem	[œitasem]
inademen (ww)	inasem	[inasem]
invalide (de)	invalide	[infalidə]
gehandicapte (de)	kreupel	[krøəpəl]
drugsverslaafde (de)	dwelmslaaf	[dwɛlm·slāf]
doof (bn)	doof	[doəf]

| stom (bn) | stom | [stom] |
| doofstom (bn) | doofstom | [doəf·stom] |

krankzinnig (bn)	swaksinnig	[swaksinnəχ]
krankzinnige (man)	kranksinnige	[kranksinniχə]
krankzinnige (vrouw)	kranksinnige	[kranksinniχə]
krankzinnig worden	kranksinnig word	[kranksinnəχ vort]

gen (het)	geen	[χeən]
immuniteit (de)	immuniteit	[immunitæjt]
erfelijk (bn)	erflik	[ɛrflik]
aangeboren (bn)	aangebore	[ānχəborə]

virus (het)	virus	[firus]
microbe (de)	mikrobe	[mikrobə]
bacterie (de)	bakterie	[bakteri]
infectie (de)	infeksie	[infeksi]

50. Symptomen. Behandelingen. Deel 3

| ziekenhuis (het) | hospitaal | [hospitāl] |
| patiënt (de) | pasiënt | [pasiɛnt] |

diagnose (de)	diagnose	[diaχnosə]
genezing (de)	genesing	[χenesiŋ]
medische behandeling (de)	mediese behandeling	[medisə behandəliŋ]
onder behandeling zijn	behandeling kry	[behandəliŋ kraj]
behandelen (ww)	behandel	[behandəl]
zorgen (zieken ~)	versorg	[fersorχ]
ziekenzorg (de)	versorging	[fersorχiŋ]

operatie (de)	operasie	[operasi]
verbinden (een arm ~)	verbind	[ferbint]
verband (het)	verband	[ferbant]
vaccin (het)	inenting	[inɛntiŋ]
inenten (vaccineren)	inent	[inɛnt]
injectie (de)	inspuiting	[inspœitiŋ]

aanval (de)	aanval	[ānfal]
amputatie (de)	amputasie	[amputasi]
amputeren (ww)	amputeer	[amputeər]
coma (het)	koma	[koma]
intensieve zorg, ICU (de)	intensiewe sorg	[intɛnsivə sorχ]

zich herstellen (ww)	herstel	[herstəl]
toestand (de)	kondisie	[kondisi]
bewustzijn (het)	bewussyn	[bevussajn]
geheugen (het)	geheue	[χəhøə]

trekken (een kies ~)	trek	[trek]
vulling (de)	vulsel	[fulsəl]
vullen (ww)	vul	[ful]
hypnose (de)	hipnose	[hipnosə]
hypnotiseren (ww)	hipnotiseer	[hipnotiseər]

51. Artsen

dokter, arts (de)	dokter	[dokter]
ziekenzuster (de)	verpleegster	[ferpleeχ·ster]
lijfarts (de)	lyfarts	[lajf·arts]
tandarts (de)	tandarts	[tand·arts]
oogarts (de)	oogarts	[oeχ·arts]
therapeut (de)	internis	[internis]
chirurg (de)	chirurg	[ʃirurχ]
psychiater (de)	psigiater	[psiχiater]
pediater (de)	kinderdokter	[kinder·dokter]
psycholoog (de)	sielkundige	[silkundiχe]
gynaecoloog (de)	ginekoloog	[χinekoloeχ]
cardioloog (de)	kardioloog	[kardioloeχ]

52. Geneeskunde. Medicijnen. Accessoires

geneesmiddel (het)	medisyn	[medisajn]
middel (het)	geneesmiddel	[χenees·middel]
voorschrijven (ww)	voorskryf	[foerskrajf]
recept (het)	voorskrif	[foerskrif]
tablet (de/het)	pil	[pil]
zalf (de)	salf	[salf]
ampul (de)	ampul	[ampul]
drank (de)	mengsel	[meŋsel]
siroop (de)	stroop	[stroep]
pil (de)	pil	[pil]
poeder (de/het)	poeier	[pujer]
verband (het)	verband	[ferbant]
watten (mv.)	watte	[vatte]
jodium (het)	iodium	[iodium]
pleister (de)	pleister	[plæjster]
pipet (de)	oogdrupper	[oeχ·drupper]
thermometer (de)	termometer	[termometer]
spuit (de)	spuitnaald	[spœit·nãlt]
rolstoel (de)	rolstoel	[rol·stul]
krukken (mv.)	krukke	[krukke]
pijnstiller (de)	pynstiller	[pajn·stiller]
laxeermiddel (het)	lakseermiddel	[lakseer·middel]
spiritus (de)	spiritus	[spiritus]
medicinale kruiden (mv.)	geneeskragtige kruie	[χenees·kraχtiχe krœie]
kruiden- (abn)	kruie-	[krœie-]

HET MENSELIJKE LEEFGEBIED

Stad

53. Stad. Het leven in de stad

stad (de)	stad	[stat]
hoofdstad (de)	hoofstad	[hoəf·stat]
dorp (het)	dorp	[dorp]
plattegrond (de)	stadskaart	[stats·kārt]
centrum (ov. een stad)	sentrum	[sentrum]
voorstad (de)	voorstad	[foərstat]
voorstads- (abn)	voorstedelik	[foərstedelik]
randgemeente (de)	buitewyke	[bœitəvajkə]
omgeving (de)	omgewing	[omχeviŋ]
blok (huizenblok)	stadswyk	[stats·wajk]
woonwijk (de)	woonbuurt	[voənbɪrt]
verkeer (het)	verkeer	[ferkeər]
verkeerslicht (het)	robot	[robot]
openbaar vervoer (het)	openbare vervoer	[openbarə ferfur]
kruispunt (het)	kruispunt	[krœis·punt]
zebrapad (oversteekplaats)	sebraoorgang	[sebra·oərχaŋ]
onderdoorgang (de)	voetgangertonnel	[futχaŋər·tonnəl]
oversteken (de straat ~)	oorsteek	[oərsteək]
voetganger (de)	voetganger	[futχaŋər]
trottoir (het)	sypaadjie	[saj·pādʒi]
brug (de)	brug	[bruχ]
dijk (de)	wal	[val]
fontein (de)	fontein	[fontæjn]
allee (de)	laning	[laniŋ]
park (het)	park	[park]
boulevard (de)	boulevard	[bulefar]
plein (het)	plein	[plæjn]
laan (de)	laan	[lān]
straat (de)	straat	[strāt]
zijstraat (de)	systraat	[saj·strāt]
doodlopende straat (de)	doodloopstraat	[doədloəp·strāt]
huis (het)	huis	[hœis]
gebouw (het)	gebou	[χebæʊ]
wolkenkrabber (de)	wolkekrabber	[volkə·krabbər]
gevel (de)	gewel	[χevəl]
dak (het)	dak	[dak]

venster (het)	venster	[fɛŋstər]
boog (de)	arkade	[arkadə]
pilaar (de)	kolom	[kolom]
hoek (ov. een gebouw)	hoek	[huk]

vitrine (de)	uitstalraam	[œitstalrãm]
gevelreclame (de)	reklamebord	[reklamə·bort]
affiche (de/het)	plakkaat	[plakkãt]
reclameposter (de)	reklameplakkaat	[reklamə·plakkãt]
aanplakbord (het)	aanplakbord	[ãnplakbort]

vuilnis (de/het)	vullis	[fullis]
vuilnisbak (de)	vullisbak	[fullis·bak]
afval weggooien (ww)	rommel strooi	[rommǝl stroj]
stortplaats (de)	vullishoop	[fullis·hoəp]

telefooncel (de)	telefoonhokkie	[telefoən·hokki]
straatlicht (het)	lamppaal	[lamp·pãl]
bank (de)	bank	[bank]

politieagent (de)	polisieman	[polisi·man]
politie (de)	polisie	[polisi]
zwerver (de)	bedelaar	[bedelãr]
dakloze (de)	daklose	[daklosə]

54. Stedelijke instellingen

winkel (de)	winkel	[vinkəl]
apotheek (de)	apteek	[apteek]
optiek (de)	optisiën	[optisiɛn]
winkelcentrum (het)	winkelsentrum	[vinkəl·sentrum]
supermarkt (de)	supermark	[supermark]

bakkerij (de)	bakkery	[bakkeraj]
bakker (de)	bakker	[bakkər]
banketbakkerij (de)	banketbakkery	[banket·bakkeraj]
kruidenier (de)	kruidenierswinkel	[krœidenirs·vinkəl]
slagerij (de)	slagter	[slaχtər]

groentewinkel (de)	groentewinkel	[χruntə·vinkəl]
markt (de)	mark	[mark]

koffiehuis (het)	koffiekroeg	[koffi·kruχ]
restaurant (het)	restaurant	[restourant]
bar (de)	kroeg	[kruχ]
pizzeria (de)	pizzeria	[pizzeria]

kapperssalon (de/het)	haarsalon	[hãr·salon]
postkantoor (het)	poskantoor	[pos·kantoər]
stomerij (de)	droogskoonmakers	[droəχ·skoən·makers]
fotostudio (de)	fotostudio	[foto·studio]

schoenwinkel (de)	skoenwinkel	[skun·vinkəl]
boekhandel (de)	boekhandel	[buk·handəl]

sportwinkel (de)	**sportwinkel**	[sport·vinkəl]
kledingreparatie (de)	**klereherstelwinkel**	[klerə·herstəl·vinkəl]
kledingverhuur (de)	**klereverhuurwinkel**	[klerə·ferhɪr·vinkəl]
videotheek (de)	**videowinkel**	[video·vinkəl]
circus (de/het)	**sirkus**	[sirkus]
dierentuin (de)	**dieretuin**	[dirə·tœin]
bioscoop (de)	**bioskoop**	[bioskoəp]
museum (het)	**museum**	[musøəm]
bibliotheek (de)	**biblioteek**	[biblioteək]
theater (het)	**teater**	[teatər]
opera (de)	**opera**	[opera]
nachtclub (de)	**nagklub**	[naχ·klup]
casino (het)	**kasino**	[kasino]
moskee (de)	**moskee**	[moskeə]
synagoge (de)	**sinagoge**	[sinaχoχə]
kathedraal (de)	**katedraal**	[katedrāl]
tempel (de)	**tempel**	[tempəl]
kerk (de)	**kerk**	[kerk]
instituut (het)	**kollege**	[kolledʒ]
universiteit (de)	**universiteit**	[unifersitæjt]
school (de)	**skool**	[skoəl]
gemeentehuis (het)	**stadhuis**	[stat·hœis]
stadhuis (het)	**stadhuis**	[stat·hœis]
hotel (het)	**hotel**	[hotəl]
bank (de)	**bank**	[bank]
ambassade (de)	**ambassade**	[ambassadə]
reisbureau (het)	**reisagentskap**	[ræjs·aχentskap]
informatieloket (het)	**inligtingskantoor**	[inliχtiŋs·kantoər]
wisselkantoor (het)	**wisselkantoor**	[vissəl·kantoər]
metro (de)	**metro**	[metro]
ziekenhuis (het)	**hospitaal**	[hospitāl]
benzinestation (het)	**petrolstasie**	[petrol·stasi]
parking (de)	**parkeerterrein**	[parkeər·terræjn]

55. Borden

gevelreclame (de)	**reklamebord**	[reklamə·bort]
opschrift (het)	**kennisgewing**	[kɛnnis·χeviŋ]
poster (de)	**plakkaat**	[plakkāt]
wegwijzer (de)	**rigtingwyser**	[riχtiŋ·wajsər]
pijl (de)	**pyl**	[pajl]
waarschuwing (verwittiging)	**waarskuwing**	[vārskuviŋ]
waarschuwingsbord (het)	**waarskuwingsbord**	[vārskuviŋs·bort]
waarschuwen (ww)	**waarsku**	[vārsku]
vrije dag (de)	**rusdag**	[rusdaχ]

dienstregeling (de)	diensrooster	[diŋs·roəstər]
openingsuren (mv.)	besigheidsure	[besiχæjts·urə]
WELKOM!	WELKOM!	[vɛlkom!]
INGANG	INGANG	[inχaŋ]
UITGANG	UITGANG	[œitχaŋ]
DUWEN	STOOT	[stoət]
TREKKEN	TREK	[trek]
OPEN	OOP	[oəp]
GESLOTEN	GESLUIT	[χeslœit]
DAMES	DAMES	[dames]
HEREN	MANS	[maŋs]
KORTING	AFSLAG	[afslaχ]
UITVERKOOP	UITVERKOPING	[œitferkopiŋ]
NIEUW!	NUUT!	[nɪt!]
GRATIS	GRATIS	[χratis]
PAS OP!	PAS OP!	[pas op!]
VOLGEBOEKT	VOLBESPREEK	[folbespreək]
GERESERVEERD	BESPREEK	[bespreək]
ADMINISTRATIE	ADMINISTRASIE	[administrasi]
ALLEEN VOOR PERSONEEL	SLEGS PERSONEEL	[sleχs personeəl]
GEVAARLIJKE HOND	PAS OP VIR DIE HOND!	[pas op fir di hont!]
VERBODEN TE ROKEN!	ROOK VERBODE	[roək ferbodə]
NIET AANRAKEN!	NIE AANRAAK NIE!	[ni ānrāk ni!]
GEVAARLIJK	GEVAARLIK	[χefārlik]
GEVAAR	GEVAAR	[χefār]
HOOGSPANNING	HOOGSPANNING	[hoəχ·spanniŋ]
VERBODEN TE ZWEMMEN	NIE SWEM NIE	[ni swem ni]
BUITEN GEBRUIK	BUITE WERKING	[bœitə verkiŋ]
ONTVLAMBAAR	ONTVLAMBAAR	[ontflambār]
VERBODEN	VERBODE	[ferbodə]
DOORGANG VERBODEN	TOEGANG VERBODE!	[tuχaŋ ferbode!]
OPGELET PAS GEVERFD	NAT VERF	[nat ferf]

56. Stedelijk vervoer

bus, autobus (de)	bus	[bus]
tram (de)	trem	[trem]
trolleybus (de)	trembus	[trembus]
route (de)	busroete	[bus·rutə]
nummer (busnummer, enz.)	nommer	[nommər]
rijden met ...	ry per ...	[raj pər ...]
stappen (in de bus ~)	inklim	[inklim]
afstappen (ww)	uitklim ...	[œitklim ...]

halte (de)	halte	[haltə]
volgende halte (de)	volgende halte	[folχendə haltə]
eindpunt (het)	eindpunt	[æjnd·punt]
dienstregeling (de)	diensrooster	[diŋs·roəstər]
wachten (ww)	wag	[vaχ]

kaartje (het)	kaartjie	[kɑ̄rki]
reiskosten (de)	reistarief	[ræjs·tarif]

kassier (de)	kaartjieverkoper	[kɑ̄rki·ferkopər]
kaartcontrole (de)	kaartjiekontrole	[kɑ̄rki·kontrolə]
controleur (de)	kontroleur	[kontroløər]

te laat zijn (ww)	laat wees	[lɑ̄t veəs]
missen (de bus ~)	mis	[mis]
zich haasten (ww)	haastig wees	[hɑ̄stəχ veəs]

taxi (de)	taxi	[taksi]
taxichauffeur (de)	taxibestuurder	[taksi·bestɪrdər]
met de taxi (bw)	per taxi	[pər taksi]
taxistandplaats (de)	taxistaanplek	[taksi·stɑ̄nplek]

verkeer (het)	verkeer	[ferkeər]
file (de)	verkeersknoop	[ferkeərs·knoəp]
spitsuur (het)	spitsuur	[spits·ɪr]
parkeren (on.ww.)	parkeer	[parkeər]
parkeren (ov.ww.)	parkeer	[parkeər]
parking (de)	parkeerterrein	[parkeər·terræjn]

metro (de)	metro	[metro]
halte (bijv. kleine treinhalte)	stasie	[stasi]
de metro nemen	die metro vat	[di metro fat]
trein (de)	trein	[træjn]
station (treinstation)	treinstasie	[træjn·stasi]

57. Bezienswaardigheden

monument (het)	monument	[monument]
vesting (de)	fort	[fort]
paleis (het)	paleis	[palæjs]
kasteel (het)	kasteel	[kasteəl]
toren (de)	toring	[toriŋ]
mausoleum (het)	mausoleum	[mɔusoləəm]

architectuur (de)	argitektuur	[arχitektɪr]
middeleeuws (bn)	Middeleeus	[middeliʊs]
oud (bn)	oud	[æʊt]
nationaal (bn)	nasionaal	[naʃionɑ̄l]
bekend (bn)	bekend	[bekent]

toerist (de)	toeris	[turis]
gids (de)	gids	[χids]
rondleiding (de)	uitstappie	[œitstappi]
tonen (ww)	wys	[vajs]

vertellen (ww)	vertel	[fertəl]
vinden (ww)	vind	[fint]
verdwalen (de weg kwijt zijn)	verdwaal	[ferdwāl]
plattegrond (~ van de metro)	kaart	[kārt]
plattegrond (~ van de stad)	kaart	[kārt]
souvenir (het)	aandenking	[āndenkiŋ]
souvenirwinkel (de)	geskenkwinkel	[χeskɛnk·vinkəl]
foto's maken	fotografeer	[fotoχrafeer]
zich laten fotograferen	jou portret laat maak	[jæʊ portret lāt māk]

58. Winkelen

kopen (ww)	koop	[koəp]
aankoop (de)	aankoop	[ānkoəp]
winkelen (ww)	inkopies doen	[inkopis dun]
winkelen (het)	inkoop	[inkoəp]
open zijn (ov. een winkel, enz.)	oop wees	[oəp veəs]
gesloten zijn (ww)	toe wees	[tu veəs]
schoeisel (het)	skoeisel	[skuisəl]
kleren (mv.)	klere	[klerə]
cosmetica (mv.)	kosmetika	[kosmetika]
voedingswaren (mv.)	voedingsware	[fudiŋs·warə]
geschenk (het)	present	[present]
verkoper (de)	verkoper	[ferkopər]
verkoopster (de)	verkoopsdame	[ferkoəps·damə]
kassa (de)	kassier	[kassir]
spiegel (de)	spieël	[spiɛl]
toonbank (de)	toonbank	[toən·bank]
paskamer (de)	paskamer	[pas·kamər]
aanpassen (ww)	aanpas	[ānpas]
passen (ov. kleren)	pas	[pas]
bevallen (prettig vinden)	hou van	[hæʊ fan]
prijs (de)	prys	[prajs]
prijskaartje (het)	pryskaartjie	[prajs·kārki]
kosten (ww)	kos	[kos]
Hoeveel?	Hoeveel?	[hufeəl?]
korting (de)	afslag	[afslaχ]
niet duur (bn)	billik	[billik]
goedkoop (bn)	goedkoop	[χudkoəp]
duur (bn)	duur	[dɪr]
Dat is duur.	dis duur	[dis dɪr]
verhuur (de)	verhuur	[ferhɪr]
huren (smoking, enz.)	verhuur	[ferhɪr]
krediet (het)	krediet	[kredit]
op krediet (bw)	op krediet	[op kredit]

59. Geld

geld (het)	geld	[xɛlt]
ruil (de)	valutaruil	[faluta·rœil]
koers (de)	wisselkoers	[vissəl·kurs]
geldautomaat (de)	OTM	[o·te·em]
muntstuk (de)	muntstuk	[muntstuk]
dollar (de)	dollar	[dollar]
euro (de)	euro	[øəro]
lire (de)	lira	[lira]
Duitse mark (de)	Duitse mark	[dœitsə mark]
frank (de)	frank	[frank]
pond sterling (het)	pond sterling	[pont sterliŋ]
yen (de)	yen	[jɛn]
schuld (geldbedrag)	skuld	[skult]
schuldenaar (de)	skuldenaar	[skuldenãr]
uitlenen (ww)	uitleen	[œitleən]
lenen (geld ~)	leen	[leən]
bank (de)	bank	[bank]
bankrekening (de)	rekening	[rekəniŋ]
storten (ww)	deponeer	[deponeər]
opnemen (ww)	trek	[trek]
kredietkaart (de)	kredietkaart	[kredit·kãrt]
baar geld (het)	kontant	[kontant]
cheque (de)	tjek	[tʃek]
chequeboekje (het)	tjekboek	[tʃek·buk]
portefeuille (de)	beursie	[bøərsi]
geldbeugel (de)	muntstukbeursie	[muntstuk·bøərsi]
safe (de)	brandkas	[brant·kas]
erfgenaam (de)	erfgenaam	[ɛrfxənãm]
erfenis (de)	erfenis	[ɛrfenis]
fortuin (het)	fortuin	[fortœin]
huur (de)	huur	[hɪr]
huurprijs (de)	huur	[hɪr]
huren (huis, kamer)	huur	[hɪr]
prijs (de)	prys	[prajs]
kostprijs (de)	prys	[prajs]
som (de)	som	[som]
uitgeven (geld besteden)	spandeer	[spandeər]
kosten (mv.)	onkoste	[onkostə]
bezuinigen (ww)	besuinig	[besœinəx]
zuinig (bn)	ekonomies	[ɛkonomis]
betalen (ww)	betaal	[betãl]
betaling (de)	betaling	[betaliŋ]

wisselgeld (het)	wisselgeld	[vissəl·χɛlt]
belasting (de)	belasting	[belastiŋ]
boete (de)	boete	[butə]
beboeten (bekeuren)	beboet	[bebut]

60. Post. Postkantoor

postkantoor (het)	poskantoor	[pos·kantoər]
post (de)	pos	[pos]
postbode (de)	posbode	[pos·bodə]
openingsuren (mv.)	besigheidsure	[besiχæjts·urə]
brief (de)	brief	[brif]
aangetekende brief (de)	geregistreerde brief	[χereχistreerdə brif]
briefkaart (de)	poskaart	[pos·kãrt]
telegram (het)	telegram	[teleχram]
postpakket (het)	pakkie	[pakki]
overschrijving (de)	geldoorplasing	[χɛld·oərplasiŋ]
ontvangen (ww)	ontvang	[ontfaŋ]
sturen (zenden)	stuur	[stɪr]
verzending (de)	versending	[fersendiŋ]
adres (het)	adres	[adres]
postcode (de)	poskode	[pos·kodə]
verzender (de)	sender	[sendər]
ontvanger (de)	ontvanger	[ontfaŋər]
naam (de)	voornaam	[foərnãm]
achternaam (de)	van	[fan]
tarief (het)	postarief	[pos·tarif]
standaard (bn)	standaard	[standãrt]
zuinig (bn)	ekonomies	[ɛkonomis]
gewicht (het)	gewig	[χevəχ]
afwegen (op de weegschaal)	weeg	[veəχ]
envelop (de)	koevert	[kufert]
postzegel (de)	posseël	[pos·seɛl]

Woning. Huis. Thuis

61. Huis. Elektriciteit

elektriciteit (de)	krag, elektrisiteit	[kraχ], [elektrisitæjt]
lamp (de)	gloeilamp	[χlui·lamp]
schakelaar (de)	skakelaar	[skakəlār]
zekering (de)	sekering	[sekəriŋ]
draad (de)	kabel	[kabəl]
bedrading (de)	bedrading	[bedradiŋ]
elektriciteitsmeter (de)	kragmeter	[kraχ·metər]
gegevens (mv.)	lesings	[lesiŋs]

62. Villa. Herenhuis

landhuisje (het)	buitewoning	[bœitə·voniŋ]
villa (de)	landhuis	[land·hœis]
vleugel (de)	vleuel	[fløəəl]
tuin (de)	tuin	[tœin]
park (het)	park	[park]
oranjerie (de)	tropiese kweekhuis	[tropisə kweek·hœis]
onderhouden (tuin, enz.)	versorg	[fersorχ]
zwembad (het)	swembad	[swem·bat]
gym (het)	gim	[χim]
tennisveld (het)	tennisbaan	[tɛnnis·bān]
bioscoopkamer (de)	huisteater	[hœis·teatər]
garage (de)	garage	[χaraʒe]
privé-eigendom (het)	privaat besit	[prifāt besit]
eigen terrein (het)	privaateiendom	[prifāt·æjendom]
waarschuwing (de)	waarskuwing	[vārskuviŋ]
waarschuwingsbord (het)	waarskuwingsbord	[vārskuviŋs·bort]
bewaking (de)	sekuriteit	[sekuritæjt]
bewaker (de)	veiligheidswag	[fæjliχæjts·waχ]
inbraakalarm (het)	diefalarm	[dif·alarm]

63. Appartement

appartement (het)	woonstel	[voəŋstəl]
kamer (de)	kamer	[kamər]
slaapkamer (de)	slaapkamer	[slāp·kamər]

eetkamer (de)	eetkamer	[eət·kamər]
salon (de)	sitkamer	[sit·kamər]
studeerkamer (de)	studeerkamer	[studeər·kamər]
gang (de)	ingangsportaal	[inχaŋs·portāl]
badkamer (de)	badkamer	[bad·kamər]
toilet (het)	toilet	[tojlet]
plafond (het)	plafon	[plafon]
vloer (de)	vloer	[flur]
hoek (de)	hoek	[huk]

64. Meubels. Interieur

meubels (mv.)	meubels	[møəbɛls]
tafel (de)	tafel	[tafel]
stoel (de)	stoel	[stul]
bed (het)	bed	[bet]
bankstel (het)	rusbank	[rusbank]
fauteuil (de)	gemakstoel	[χemak·stul]
boekenkast (de)	boekkas	[buk·kas]
boekenrek (het)	rak	[rak]
kledingkast (de)	klerekas	[klerə·kas]
kapstok (de)	kapstok	[kapstok]
staande kapstok (de)	kapstok	[kapstok]
commode (de)	laaikas	[lājkas]
salontafeltje (het)	koffietafel	[koffi·tafəl]
spiegel (de)	spieël	[spiɛl]
tapijt (het)	mat	[mat]
tapijtje (het)	matjie	[maki]
haard (de)	vuurherd	[fɪr·hert]
kaars (de)	kers	[kers]
kandelaar (de)	kandelaar	[kandelār]
gordijnen (mv.)	gordyne	[χordajnə]
behang (het)	muurpapier	[mɪr·papir]
jaloezie (de)	blindings	[blindiŋs]
bureaulamp (de)	tafellamp	[tafel·lamp]
wandlamp (de)	muurlamp	[mɪr·lamp]
staande lamp (de)	staanlamp	[stān·lamp]
luchter (de)	kroonlugter	[kroən·luχtər]
poot (ov. een tafel, enz.)	poot	[poət]
armleuning (de)	armleuning	[arm·løəniŋ]
rugleuning (de)	rugleuning	[ruχ·løəniŋ]
la (de)	laai	[lāi]

65. Beddengoed

beddengoed (het)	beddegoed	[bedde·χut]
kussen (het)	kussing	[kussiŋ]
kussenovertrek (de)	kussingsloop	[kussiŋ·sloəp]
deken (de)	duvet	[dufet]
laken (het)	laken	[laken]
sprei (de)	bedsprei	[bed·spræj]

66. Keuken

keuken (de)	kombuis	[kombœis]
gas (het)	gas	[χas]
gasfornuis (het)	gasstoof	[χas·stoəf]
elektrisch fornuis (het)	elektriese stoof	[elektrisə stoəf]
oven (de)	oond	[oent]
magnetronoven (de)	mikrogolfoond	[mikroχolf·oent]

koelkast (de)	yskas	[ajs·kas]
diepvriezer (de)	vrieskas	[friskas]
vaatwasmachine (de)	skottelgoedwasser	[skottelχud·wassər]

vleesmolen (de)	vleismeul	[flæjs·møəl]
vruchtenpers (de)	versapper	[fersappər]
toaster (de)	broodrooster	[broəd·roəstər]
mixer (de)	menger	[meŋər]

koffiemachine (de)	koffiemasjien	[koffi·maʃin]
koffiepot (de)	koffiepot	[koffi·pot]
koffiemolen (de)	koffiemeul	[koffi·møəl]

fluitketel (de)	fluitketel	[flœit·ketəl]
theepot (de)	teepot	[teə·pot]
deksel (de/het)	deksel	[deksəl]
theezeefje (het)	teesiffie	[teə·siffi]

lepel (de)	lepel	[lepəl]
theelepeltje (het)	teelepeltjie	[teə·lepəlki]
eetlepel (de)	soplepel	[sop·lepəl]
vork (de)	vurk	[furk]
mes (het)	mes	[mes]

vaatwerk (het)	tafelgerei	[tafel·χeræj]
bord (het)	bord	[bort]
schoteltje (het)	piering	[piriŋ]

likeurglas (het)	likeurglas	[likøər·χlas]
glas (het)	glas	[χlas]
kopje (het)	koppie	[koppi]

suikerpot (de)	suikerpot	[sœikər·pot]
zoutvat (het)	soutvaatjie	[sæut·fāki]
pepervat (het)	pepervaatjie	[pepər·fāki]

boterschaaltje (het)	botterbakkie	[bottər·bakki]
pan (de)	soppot	[sop·pot]
bakpan (de)	braaipan	[brāj·pan]
pollepel (de)	opskeplepel	[opskep·lepəl]
vergiet (de/het)	vergiet	[ferχit]
dienblad (het)	skinkbord	[skink·bort]
fles (de)	bottel	[bottəl]
glazen pot (de)	fles	[fles]
blik (conserven~)	blikkie	[blikki]
flesopener (de)	botteloopmaker	[bottəl·oəpmakər]
blikopener (de)	blikoopmaker	[blik·oəpmakər]
kurkentrekker (de)	kurktrekker	[kurk·trɛkkər]
filter (de/het)	filter	[filtər]
filteren (ww)	filter	[filtər]
huisvuil (het)	vullis	[fullis]
vuilnisemmer (de)	vullisbak	[fullis·bak]

67. Badkamer

badkamer (de)	badkamer	[bad·kamər]
water (het)	water	[vatər]
kraan (de)	kraan	[krān]
warm water (het)	warme water	[varmə vatər]
koud water (het)	koue water	[kæʊə vatər]
tandpasta (de)	tandepasta	[tandə·pasta]
tanden poetsen (ww)	tande borsel	[tandə borsəl]
tandenborstel (de)	tandeborsel	[tandə·borsəl]
zich scheren (ww)	skeer	[skeər]
scheercrème (de)	skeerroom	[skeər·roəm]
scheermes (het)	skeermes	[skeər·mes]
wassen (ww)	was	[vas]
een bad nemen	bad	[bat]
douche (de)	stort	[stort]
een douche nemen	stort	[stort]
bad (het)	bad	[bat]
toiletpot (de)	toilet	[tojlet]
wastafel (de)	wasbak	[vas·bak]
zeep (de)	seep	[seəp]
zeepbakje (het)	seepbakkie	[seəp·bakki]
spons (de)	spons	[spoŋs]
shampoo (de)	sjampoe	[ʃampu]
handdoek (de)	handdoek	[handduk]
badjas (de)	badjas	[batjas]
was (bijv. handwas)	was	[vas]
wasmachine (de)	wasmasjien	[vas·maʃin]

de was doen	**die wasgoed was**	[di vasχut vas]
waspoeder (de)	**waspoeier**	[vas·pujer]

68. Huishoudelijke apparaten

televisie (de)	**TV-stel**	[te·fe-stəl]
cassettespeler (de)	**bandspeler**	[band·spelər]
videorecorder (de)	**videomasjien**	[video·maʃin]
radio (de)	**radio**	[radio]
speler (de)	**speler**	[spelər]
videoprojector (de)	**videoprojektor**	[video·projektor]
home theater systeem (het)	**tuisfliekteater**	[tœis·flik·teatər]
DVD-speler (de)	**DVD-speler**	[de·fe·de-spelər]
versterker (de)	**versterker**	[fersterkər]
spelconsole (de)	**videokonsole**	[video·kɔŋsole]
videocamera (de)	**videokamera**	[video·kamera]
fotocamera (de)	**kamera**	[kamera]
digitale camera (de)	**digitale kamera**	[diχitalə kamera]
stofzuiger (de)	**stofsuier**	[stof·sœier]
strijkijzer (het)	**strykyster**	[strajk·ajstər]
strijkplank (de)	**strykplank**	[strajk·plank]
telefoon (de)	**telefoon**	[telefoən]
mobieltje (het)	**selfoon**	[sɛlfoən]
schrijfmachine (de)	**tikmasjien**	[tik·maʃin]
naaimachine (de)	**naaimasjien**	[naj·maʃin]
microfoon (de)	**mikrofoon**	[mikrofoən]
koptelefoon (de)	**koptelefoon**	[kop·telefoən]
afstandsbediening (de)	**afstandsbeheer**	[afstands·beheer]
CD (de)	**CD**	[se·de]
cassette (de)	**kasset**	[kasset]
vinylplaat (de)	**plaat**	[plāt]

MENSELIJKE ACTIVITEITEN

Baan. Business. Deel 1

69. Kantoor. Op kantoor werken

kantoor (het)	kantoor	[kantoər]
kamer (de)	kantoor	[kantoər]
receptie (de)	ontvangs	[ontfaŋs]
secretaris (de)	sekretaris	[sekretaris]
secretaresse (de)	sekretaresse	[sekretarɛssə]
directeur (de)	direkteur	[direktøər]
manager (de)	bestuurder	[bestɪrdər]
boekhouder (de)	boekhouer	[bukhæuər]
werknemer (de)	werknemer	[verknemər]
meubilair (het)	meubels	[møəbɛls]
tafel (de)	lessenaar	[lɛssenãr]
bureaustoel (de)	draaistoel	[drãj·stul]
ladeblok (het)	laaikas	[lãjkas]
kapstok (de)	kapstok	[kapstok]
computer (de)	rekenaar	[rekənãr]
printer (de)	drukker	[drukkər]
fax (de)	faksmasjien	[faks·maʃin]
kopieerapparaat (het)	fotostaatmasjien	[fotostãt·maʃin]
papier (het)	papier	[papir]
kantoorartikelen (mv.)	kantoorbenodigdhede	[kantoər·benodiχdhedə]
muismat (de)	muismatjie	[mœis·maki]
blad (het)	blaai	[blãi]
ordner (de)	binder	[bindər]
catalogus (de)	katalogus	[kataloχus]
telefoongids (de)	telefoongids	[telefoən·χids]
documentatie (de)	dokumentasie	[dokumentasi]
brochure (de)	brosjure	[broʃurə]
flyer (de)	strooibiljet	[stroj·biljet]
monster (het), staal (de)	monsterkaart	[mɔŋstər·kãrt]
training (de)	opleidingsvergadering	[oplæjdiŋs·ferχaderiŋ]
vergadering (de)	vergadering	[ferχaderiŋ]
lunchpauze (de)	middagpouse	[middaχ·pæusə]
de kopieën maken	aantal kopieë maak	[ãntal kopiɛ mãk]
opbellen (ww)	bel	[bəl]
antwoorden (ww)	antwoord	[antwoərt]
doorverbinden (ww)	deursit	[døərsit]

afspreken (ww)	reël	[reɛl]
demonstreren (ww)	demonstreer	[demɔŋstreər]
absent zijn (ww)	afwesig wees	[afwesəχ veəs]
afwezigheid (de)	afwesigheid	[afwesiχæjt]

70. Bedrijfsprocessen. Deel 1

bedrijf (business)	besigheid	[besiχæjt]
zaak (de), beroep (het)	beroep	[berup]
firma (de)	firma	[firma]
bedrijf (maatschap)	maatskappy	[mātskappaj]
corporatie (de)	korporasie	[korporasi]
onderneming (de)	onderneming	[ondərnemiŋ]
agentschap (het)	agentskap	[aχentskap]
overeenkomst (de)	ooreenkoms	[oəreənkoms]
contract (het)	kontrak	[kontrak]
transactie (de)	transaksie	[traŋsaksi]
bestelling (de)	bestelling	[bestɛlliŋ]
voorwaarde (de)	voorwaarde	[foərwārdə]
in het groot (bw)	groothandels-	[χroət·handəls-]
groothandels- (abn)	groothandels-	[χroət·handəls-]
groothandel (de)	groothandel	[χroət·handəl]
kleinhandels- (abn)	kleinhandels-	[klæjn·handəls-]
kleinhandel (de)	kleinhandel	[klæjn·handəl]
concurrent (de)	konkurrent	[konkurrent]
concurrentie (de)	konkurrensie	[konkurreŋsi]
concurreren (ww)	kompeteer	[kompeteər]
partner (de)	vennoot	[fɛnnoət]
partnerschap (het)	vennootskap	[fɛnnoətskap]
crisis (de)	krisis	[krisis]
bankroet (het)	bankrotskap	[bankrotskap]
bankroet gaan (ww)	bankrot speel	[bankrot speəl]
moeilijkheid (de)	moeilikheid	[muilikhæjt]
probleem (het)	probleem	[probleəm]
catastrofe (de)	katastrofe	[katastrofə]
economie (de)	ekonomie	[ɛkonomi]
economisch (bn)	ekonomiese	[ɛkonomisə]
economische recessie (de)	ekonomiese agteruitgang	[ɛkonomisə aχtər·œitχaŋ]
doel (het)	doel	[dul]
taak (de)	opdrag	[opdraχ]
handelen (handel drijven)	handel	[handəl]
netwerk (het)	netwerk	[netwerk]
voorraad (de)	voorraad	[foərrāt]
assortiment (het)	reeks	[reəks]
leider (de)	leier	[læjer]

groot (bn)	groot	[χroət]
monopolie (het)	monopolie	[monopoli]
theorie (de)	teorie	[teori]
praktijk (de)	praktyk	[praktajk]
ervaring (de)	ervaring	[ɛrfariŋ]
tendentie (de)	tendens	[tendɛŋs]
ontwikkeling (de)	ontwikkeling	[ontwikkeliŋ]

71. Bedrijfsprocessen. Deel 2

voordeel (het)	wins	[vins]
voordelig (bn)	voordelig	[foərdeləχ]
delegatie (de)	delegasie	[deleχasi]
salaris (het)	salaris	[salaris]
corrigeren (fouten ~)	korrigeer	[korriχeər]
zakenreis (de)	sakereis	[sakeræjs]
commissie (de)	kommissie	[kommissi]
controleren (ww)	kontroleer	[kontroleər]
conferentie (de)	konferensie	[konferɛŋsi]
licentie (de)	lisensie	[lisɛŋsi]
betrouwbaar (partner, enz.)	betroubaar	[betræubār]
aanzet (de)	inisiatief	[inisiatif]
norm (bijv. ~ stellen)	norm	[norm]
omstandigheid (de)	omstandigheid	[omstandiχæjt]
taak, plicht (de)	taak	[tāk]
organisatie (bedrijf, zaak)	organisasie	[orχanisasi]
organisatie (proces)	organisasie	[orχanisasi]
georganiseerd (bn)	georganiseer	[χeorχaniseər]
afzegging (de)	kansellering	[kaŋsɛlleriŋ]
afzeggen (ww)	kanselleer	[kaŋsɛlleər]
verslag (het)	verslag	[ferslaχ]
patent (het)	patent	[patent]
patenteren (ww)	patenteer	[patenteər]
plannen (ww)	beplan	[beplan]
premie (de)	bonus	[bonus]
professioneel (bn)	professioneel	[profɛssioneəl]
procedure (de)	prosedure	[prosedurə]
onderzoeken (contract, enz.)	ondersoek	[ondərsuk]
berekening (de)	berekening	[berekeniŋ]
reputatie (de)	reputasie	[reputasi]
risico (het)	risiko	[risiko]
beheren (managen)	beheer	[beheər]
informatie (de)	informasie	[informasi]
eigendom (bezit)	eiendom	[æjendom]
unie (de)	unie	[uni]

levensverzekering (de)	lewensversekering	[lɛvɛŋs·fersekeriŋ]
verzekeren (ww)	verseker	[fersekər]
verzekering (de)	versekering	[fersekeriŋ]
veiling (de)	veiling	[fæjliŋ]
verwittigen (ww)	laat weet	[lãt veət]
beheer (het)	beheer	[beheər]
dienst (de)	diens	[diŋs]
forum (het)	forum	[forum]
functioneren (ww)	funksioneer	[funksioneər]
stap, etappe (de)	stadium	[stadium]
juridisch (bn)	regs-	[reχs-]
jurist (de)	regsgeleerde	[reχs·χeleərdə]

72. Productie. Werken

industriële installatie (fabriek)	fabriek	[fabrik]
fabriek (de)	fabriek	[fabrik]
werkplaatsruimte (de)	werkplek	[vɛrkplek]
productielocatie (de)	bedryf	[bedrajf]
industrie (de)	industrie	[industri]
industrieel (bn)	industrieel	[industriəl]
zware industrie (de)	swaar industrie	[swãr industri]
lichte industrie (de)	ligte industrie	[liχtə industri]
productie (de)	produkte	[produktə]
produceren (ww)	produseer	[produseər]
grondstof (de)	grondstowwe	[χront·stowə]
voorman, ploegbaas (de)	voorman	[foərman]
ploeg (de)	werkspan	[verks·pan]
arbeider (de)	werker	[verkər]
werkdag (de)	werksdag	[verks·daχ]
pauze (de)	pouse	[pæusə]
samenkomst (de)	vergadering	[ferχaderiŋ]
bespreken (spreken over)	bespreek	[bespreək]
plan (het)	plan	[plan]
het plan uitvoeren	die plan uitvoer	[di plan œitfur]
productienorm (de)	produksienorm	[produksi·norm]
kwaliteit (de)	kwaliteit	[kwalitæjt]
controle (de)	kontrole	[kontrolə]
kwaliteitscontrole (de)	kwaliteitskontrole	[kwalitæjts·kontrolə]
arbeidsveiligheid (de)	werkplekveiligheid	[verkplek·fæjliχæjt]
discipline (de)	dissipline	[dissiplinə]
overtreding (de)	oortreding	[oərtrediŋ]
overtreden (ww)	oortree	[oərtreə]
staking (de)	staking	[stakiŋ]
staker (de)	staker	[stakər]

staken (ww)	staak	[stāk]
vakbond (de)	vakbond	[fakbont]

uitvinden (machine, enz.)	uitvind	[œitfint]
uitvinding (de)	uitvinding	[œitfindiŋ]
onderzoek (het)	navorsing	[naforsiŋ]
verbeteren (beter maken)	verbeter	[ferbetər]
technologie (de)	tegnologie	[teχnoloχi]
technische tekening (de)	tegniese tekening	[teχnisə tekəniŋ]

vracht (de)	vrag	[fraχ]
lader (de)	laaier	[lājer]
laden (vrachtwagen)	laai	[lāi]
laden (het)	laai	[lāi]
lossen (ww)	uitlaai	[œitlāi]
lossen (het)	uitlaai	[œitlāi]

transport (het)	vervoer	[ferfur]
transportbedrijf (de)	vervoermaatskappy	[ferfur·mātskappaj]
transporteren (ww)	vervoer	[ferfur]

goederenwagon (de)	trok	[trok]
tank (bijv. ketelwagen)	tenk	[tɛnk]
vrachtwagen (de)	vragmotor	[fraχ·motor]

machine (de)	werktuigmasjien	[verktœiχ·maʃin]
mechanisme (het)	meganisme	[meχanismə]

industrieel afval (het)	industriële afval	[industriɛlə affal]
verpakking (de)	verpakking	[ferpakkiŋ]
verpakken (ww)	verpak	[ferpak]

73. Contract. Overeenstemming

contract (het)	kontrak	[kontrak]
overeenkomst (de)	ooreenkoms	[oəreənkoms]
bijlage (de)	addendum	[addendum]

handtekening (de)	handtekening	[hand·tekəniŋ]
ondertekenen (ww)	onderteken	[ondərtekən]
stempel (de)	stempel	[stempəl]
voorwerp (het) van de overeenkomst	onderwerp van ooreenkoms	[ondərwerp fan oəreenkoms]
clausule (de)	klousule	[klæusulə]
partijen (mv.)	partye	[partajə]
vestigingsadres (het)	wetlike adres	[vetlikə adres]

het contract verbreken (overtreden)	die kontrak verbreek	[di kontrak fərbreək]
verplichting (de)	verpligting	[ferpliχtiŋ]
verantwoordelijkheid (de)	verantwoordelikheid	[ferant·voərdelikhæjt]
overmacht (de)	oormag	[oərmaχ]
geschil (het)	geskil	[χeskil]
sancties (mv.)	boete	[butə]

74. Import & Export

import (de)	invoer	[infur]
importeur (de)	invoerder	[infurdər]
importeren (ww)	invoer	[infur]
import- (abn)	invoer-	[infur-]
uitvoer (export)	uitvoer	[œitfur]
exporteur (de)	uitvoerder	[œitfurdər]
exporteren (ww)	uitvoer	[œitfur]
uitvoer- (bijv., ~goederen)	uitvoer-	[œitfur-]
goederen (mv.)	goedere	[χudərə]
partij (de)	besending	[besendiŋ]
gewicht (het)	gewig	[χevəχ]
volume (het)	volume	[folumə]
kubieke meter (de)	kubieke meter	[kubikə metər]
producent (de)	produsent	[produsent]
transportbedrijf (de)	vervoermaatskappy	[ferfur·mätskappaj]
container (de)	houer	[hæʋər]
grens (de)	grens	[χrɛŋs]
douane (de)	doeane	[duanə]
douanerecht (het)	doeanereg	[duanə·reχ]
douanier (de)	doeanebeampte	[duanə·beamptə]
smokkelen (het)	smokkel	[smokkəl]
smokkelwaar (de)	smokkelgoed	[smokkəl·χut]

75. Financiën

aandeel (het)	aandeel	[āndeel]
obligatie (de)	obligasie	[obliχasi]
wissel (de)	promesse	[promɛssə]
beurs (de)	beurs	[bøərs]
aandelenkoers (de)	aandeelkoers	[āndeel·kurs]
dalen (ww)	daal	[dāl]
stijgen (ww)	styg	[stajχ]
deel (het)	aandeel	[āndeel]
meerderheidsbelang (het)	meerderheidsbelang	[meərderhæjts·belaŋ]
investeringen (mv.)	belegging	[beleχχiŋ]
investeren (ww)	belè	[belɛ:]
procent (het)	persent	[persent]
rente (de)	rente	[rentə]
winst (de)	wins	[vins]
winstgevend (bn)	voordelig	[foərdeləχ]
belasting (de)	belasting	[belastiŋ]

valuta (vreemde ~)	valuta	[faluta]
nationaal (bn)	nasionaal	[naʃionāl]
ruil (de)	wissel	[vissəl]

| boekhouder (de) | boekhouer | [bukhæʊər] |
| boekhouding (de) | boekhouding | [bukhæʊdiŋ] |

bankroet (het)	bankrotskap	[bankrotskap]
ondergang (de)	ineenstorting	[ineɛŋstortiŋ]
faillissement (het)	bankrotskap	[bankrotskap]
geruïneerd zijn (ww)	geruïneer wees	[χeruïneer veəs]
inflatie (de)	inflasie	[inflasi]
devaluatie (de)	devaluasie	[defaluasi]

kapitaal (het)	kapitaal	[kapitāl]
inkomen (het)	inkomste	[inkomstə]
omzet (de)	omset	[omset]
middelen (mv.)	hulpbronne	[hulpbronnə]
financiële middelen (mv.)	monetère hulpbronne	[monetærə hulpbronnə]
operationele kosten (mv.)	oorhoofse koste	[oərhoəfsə kostə]
reduceren (kosten ~)	verminder	[fermindər]

76. Marketing

marketing (de)	bemarking	[bemarkiŋ]
markt (de)	mark	[mark]
marktsegment (het)	marksegment	[mark·seχment]
product (het)	produk	[produk]
goederen (mv.)	goedere	[χudərə]

merk (het)	merk	[merk]
handelsmerk (het)	handelsmerk	[handəls·merk]
beeldmerk (het)	logo	[loχo]
logo (het)	logo	[loχo]

vraag (de)	vraag	[frāχ]
aanbod (het)	aanbod	[ānbot]
behoefte (de)	behoefte	[behuftə]
consument (de)	verbruiker	[ferbrœikər]

analyse (de)	analise	[analisə]
analyseren (ww)	analiseer	[analiseer]
positionering (de)	plasing	[plasiŋ]
positioneren (ww)	plaas	[plās]
prijs (de)	prys	[prajs]
prijspolitiek (de)	prysbeleid	[prajs·belæjt]
prijsvorming (de)	prysvorming	[prajs·formiŋ]

77. Reclame

| reclame (de) | reklame | [reklamə] |
| adverteren (ww) | adverteer | [adferteər] |

budget (het)	**begroting**	[beχrotiŋ]
advertentie, reclame (de)	**advertensie**	[adfertɛŋsi]
TV-reclame (de)	**TV-advertensie**	[te·fe-adfertɛŋsi]
radioreclame (de)	**radioreklame**	[radio·reklamə]
buitenreclame (de)	**buitereklame**	[bœitə·reklamə]
massamedia (de)	**massamedia**	[massa·media]
periodiek (de)	**tydskrif**	[tajdskrif]
imago (het)	**imago**	[imaχo]
slagzin (de)	**slagspreuk**	[slaχ·sprøək]
motto (het)	**motto**	[motto]
campagne (de)	**veldtog**	[fɛldtoχ]
reclamecampagne (de)	**reklameveldtog**	[reklamə·fɛldtoχ]
doelpubliek (het)	**doelgroep**	[dul·χrup]
visitekaartje (het)	**besigheidskaartjie**	[besiχæjts·kārki]
flyer (de)	**strooibiljet**	[stroj·biljet]
brochure (de)	**brosjure**	[broʃurə]
folder (de)	**pamflet**	[pamflet]
nieuwsbrief (de)	**nuusbrief**	[nɪsbrif]
gevelreclame (de)	**reklamebord**	[reklamə·bort]
poster (de)	**plakkaat**	[plakkāt]
aanplakbord (het)	**aanplakbord**	[ānplakbort]

78. Bankieren

bank (de)	**bank**	[bank]
bankfiliaal (het)	**tak**	[tak]
bankbediende (de)	**bankklerk**	[bank·klerk]
manager (de)	**bestuurder**	[bestɪrdər]
bankrekening (de)	**bankrekening**	[bank·rekəniŋ]
rekeningnummer (het)	**rekeningnommer**	[rekəniŋ·nommər]
lopende rekening (de)	**tjekrekening**	[tʃek·rekəniŋ]
spaarrekening (de)	**spaarrekening**	[spār·rekəniŋ]
de rekening sluiten	**die rekening sluit**	[di rekəniŋ slœit]
opnemen (ww)	**trek**	[trek]
storting (de)	**deposito**	[deposito]
overschrijving (de)	**telegrafiese oorplasing**	[teleχrafisə oərplasiŋ]
een overschrijving maken	**oorplaas**	[oərplās]
som (de)	**som**	[som]
Hoeveel?	**Hoeveel?**	[hufeəl?]
handtekening (de)	**handtekening**	[hand·tekəniŋ]
ondertekenen (ww)	**onderteken**	[ondertekən]
kredietkaart (de)	**kredietkaart**	[kredit·kārt]
code (de)	**kode**	[kodə]

| kredietkaartnummer (het) | kredietkaartnommer | [kredit·kărt·nommər] |
| geldautomaat (de) | OTM | [o·te·em] |

| cheque (de) | tjek | [tʃek] |
| chequeboekje (het) | tjekboek | [tʃek·buk] |

| lening, krediet (de) | lening | [leniŋ] |
| garantie (de) | waarborg | [vărborχ] |

79. Telefoon. Telefoongesprek

telefoon (de)	telefoon	[telefoən]
mobieltje (het)	selfoon	[sɛlfoən]
antwoordapparaat (het)	antwoordmasjien	[antwoərt·maʃin]

| bellen (ww) | bel | [bəl] |
| belletje (telefoontje) | oproep | [oprup] |

Hallo!	Hallo!	[hallo!]
vragen (ww)	vra	[fra]
antwoorden (ww)	antwoord	[antwoərt]

horen (ww)	hoor	[hoər]
goed (bw)	goed	[χut]
slecht (bw)	nie goed nie	[ni χut ni]
storingen (mv.)	steurings	[støəriŋs]

hoorn (de)	gehoorstuk	[χehoərstuk]
opnemen (ww)	optel	[optəl]
ophangen (ww)	afskakel	[afskakəl]

bezet (bn)	besig	[besəχ]
overgaan (ww)	lui	[lœi]
telefoonboek (het)	telefoongids	[telefoən·χids]

lokaal (bn)	lokale	[lokalə]
lokaal gesprek (het)	lokale oproep	[lokalə oprup]
interlokaal (bn)	langafstand	[lanχ·afstant]
interlokaal gesprek (het)	langafstand oproep	[lanχ·afstant oprup]
buitenlands (bn)	internasionale	[internaʃionalə]
buitenlands gesprek (het)	internasionale oproep	[internaʃionalə oprup]

80. Mobiele telefoon

mobieltje (het)	selfoon	[sɛlfoən]
scherm (het)	skerm	[skerm]
toets, knop (de)	knoppie	[knoppi]
simkaart (de)	SIMkaart	[sim·kărt]

batterij (de)	battery	[battəraj]
leeg zijn (ww)	pap wees	[pap veəs]
acculader (de)	batterylaaier	[battəraj·lajer]

menu (het)	spyskaart	[spajs·kãrt]
instellingen (mv.)	instellings	[instɛliŋs]
melodie (beltoon)	wysie	[vajsi]
selecteren (ww)	kies	[kis]
rekenmachine (de)	sakrekenaar	[sakrekənãr]
voicemail (de)	stempos	[stem·pos]
wekker (de)	wekker	[vɛkkər]
contacten (mv.)	kontakte	[kontaktə]
SMS-bericht (het)	SMS	[es·em·es]
abonnee (de)	intekenaar	[intekənãr]

81. Schrijfbehoeften

balpen (de)	bolpen	[bol·pen]
vulpen (de)	vulpen	[ful·pen]
potlood (het)	potlood	[potloət]
marker (de)	merkpen	[merk·pen]
viltstift (de)	viltpen	[filt·pen]
notitieboekje (het)	notaboekie	[nota·buki]
agenda (boekje)	dagboek	[daχ·buk]
liniaal (de/het)	liniaal	[liniãl]
rekenmachine (de)	sakrekenaar	[sakrekənãr]
gom (de)	uitveër	[œitfeɛr]
punaise (de)	duimspyker	[dœim·spajkər]
paperclip (de)	skuifspeld	[skœif·spɛlt]
lijm (de)	gom	[χom]
nietmachine (de)	krammasjien	[kram·maʃin]
perforator (de)	ponsmasjien	[pɔŋs·maʃin]
potloodslijper (de)	skerpmaker	[skerp·makər]

82. Soorten bedrijven

boekhouddiensten (mv.)	boekhoudienste	[bukhæʊ·diŋstə]
reclame (de)	reklame	[reklamə]
reclamebureau (het)	reklameburo	[reklamə·buro]
airconditioning (de)	lugversorger	[luχfersorχər]
luchtvaartmaatschappij (de)	lugredery	[luχrederaj]
alcoholische dranken (mv.)	alkoholiese dranke	[alkoholisə drankə]
antiek (het)	antiek	[antik]
kunstgalerie (de)	kunsgalery	[kuns·χaleraj]
audit diensten (mv.)	ouditeursdienste	[æʊditøərs·diŋstə]
banken (mv.)	bankwese	[bankwesə]
bar (de)	kroeg	[kruχ]
schoonheidssalon (de/het)	skoonheidssalon	[skoənhæjts·salon]

boekhandel (de)	boekhandel	[buk·handəl]
bierbrouwerij (de)	brouery	[bræʊeraj]
zakencentrum (het)	sakesentrum	[sakə·sentrum]
business school (de)	besigheidsskool	[besiχæjts·skoəl]
casino (het)	kasino	[kasino]
bouwbedrijven (mv.)	boubedryf	[bæʊbedrajf]
adviesbureau (het)	advieskantoor	[adfis·kantoər]
tandheelkunde (de)	tandekliniek	[tandə·klinik]
design (het)	ontwerp	[ontwerp]
apotheek (de)	apteek	[aptəək]
stomerij (de)	droogskoonmakers	[droəχ·skoən·makers]
uitzendbureau (het)	arbeidsburo	[arbæjds·buro]
financiële diensten (mv.)	finansiële dienste	[finaŋsiɛlə diŋstə]
voedingswaren (mv.)	voedingsware	[fudiŋs·warə]
uitvaartcentrum (het)	begrafnisonderneming	[beχrafnis·ondərnemiŋ]
meubilair (het)	meubels	[møebɛls]
kleding (de)	klerasie	[klerasi]
hotel (het)	hotel	[hotəl]
ijsje (het)	roomys	[roəm·ajs]
industrie (de)	industrie	[industri]
verzekering (de)	versekering	[fersekeriŋ]
Internet (het)	internet	[internet]
investeringen (mv.)	investerings	[infesteriŋs]
juwelier (de)	juwelier	[juvəlir]
juwelen (mv.)	juweliersware	[juvəlirs·warə]
wasserette (de)	wassery	[vasseraj]
juridische diensten (mv.)	regsadviseur	[reχs·adfisøər]
lichte industrie (de)	ligte industrie	[liχtə industri]
tijdschrift (het)	tydskrif	[tajdskrif]
postorderbedrijven (mv.)	posorderbedryf	[pos·ordər·bedrajf]
medicijnen (mv.)	geneesmiddels	[χenees·middəls]
bioscoop (de)	bioskoop	[bioskoəp]
museum (het)	museum	[musøəm]
persbureau (het)	nuusagentskap	[nɪs·aχentskap]
krant (de)	koerant	[kurant]
nachtclub (de)	nagklub	[naχ·klup]
olie (aardolie)	olie	[oli]
koerierdienst (de)	koerierdienste	[kurir·diŋstə]
farmacie (de)	farmasie	[farmasi]
drukkerij (de)	drukkery	[drukkəraj]
uitgeverij (de)	uitgewery	[œitχeveraj]
radio (de)	radio	[radio]
vastgoed (het)	eiendom	[æjendom]
restaurant (het)	restaurant	[restourant]
bewakingsfirma (de)	sekuriteitsfirma	[sekuritæjts·firma]
sport (de)	sport	[sport]

handelsbeurs (de)	**beurs**	[bøərs]
winkel (de)	**winkel**	[vinkəl]
supermarkt (de)	**supermark**	[supermark]
zwembad (het)	**swembad**	[swem·bat]
naaiatelier (het)	**kleremaker**	[klerə·makər]
televisie (de)	**televisie**	[telefisi]
theater (het)	**teater**	[teatər]
handel (de)	**handel**	[handəl]
transport (het)	**vervoer**	[ferfur]
toerisme (het)	**reisbedryf**	[ræjs·bedrajf]
dierenarts (de)	**veearts**	[fee·arts]
magazijn (het)	**pakhuis**	[pak·hœis]
afvalinzameling (de)	**afvalinsameling**	[affal·insamelin]

Baan. Business. Deel 2

83. Show. Tentoonstelling

beurs (de)	skou	[skæʊ]
vakbeurs, handelsbeurs (de)	handelsskou	[handəls·skæʊ]
deelneming (de)	deelneming	[deəlnemiŋ]
deelnemen (ww)	deelneem	[deəlneəm]
deelnemer (de)	deelnemer	[deəlnemər]
directeur (de)	bestuurder	[bestɪrdər]
organisatiecomité (het)	organisasiekantoor	[orχanisasi·kantoər]
organisator (de)	organiseerder	[orχaniseərdər]
organiseren (ww)	organiseer	[orχaniseər]
deelnemingsaanvraag (de)	deelnemingsvorm	[deəlnemiŋs·form]
invullen (een formulier ~)	invul	[inful]
details (mv.)	besonderhede	[besondərhedə]
informatie (de)	informasie	[informasi]
prijs (de)	prys	[prajs]
inclusief (bijv. ~ BTW)	insluitend	[inslœitent]
inbegrepen (alles ~)	insluit	[inslœit]
betalen (ww)	betaal	[betāl]
registratietarief (het)	registrasiefooi	[reχistrasi·foj]
ingang (de)	ingang	[inχaŋ]
paviljoen (het), hal (de)	paviljoen	[pafiljun]
registreren (ww)	registreer	[reχistreər]
badge, kaart (de)	lapelkaart	[lapəl·kārt]
beursstand (de)	stalletjie	[stalləki]
reserveren (een stand ~)	bespreek	[bespreək]
vitrine (de)	uistalkas	[œistalkas]
licht (het)	kollig	[kolləχ]
design (het)	ontwerp	[ontwerp]
plaatsen (ww)	sit	[sit]
geplaatst zijn (ww)	geplaas wees	[χeplās veəs]
distributeur (de)	verdeler	[ferdelər]
leverancier (de)	verskaffer	[ferskaffər]
leveren (ww)	verskaf	[ferskaf]
land (het)	land	[lant]
buitenlands (bn)	buitelands	[bœitəlands]
product (het)	produk	[produk]
associatie (de)	vereniging	[ferenəχiŋ]
conferentiezaal (de)	konferensiesaal	[konfɛrɛnsi·sāl]

| congres (het) | kongres | [konχres] |
| wedstrijd (de) | wedstryd | [vedstrajt] |

bezoeker (de)	besoeker	[besukər]
bezoeken (ww)	besoek	[besuk]
afnemer (de)	kliënt	[kliɛnt]

84. Wetenschap. Onderzoek. Wetenschappers

wetenschap (de)	wetenskap	[vetɛŋskap]
wetenschappelijk (bn)	wetenskaplik	[vetɛŋskaplik]
wetenschapper (de)	wetenskaplike	[vetɛŋskaplikə]
theorie (de)	teorie	[teori]

axioma (het)	aksioma	[aksioma]
analyse (de)	analise	[analisə]
analyseren (ww)	analiseer	[analiseer]
argument (het)	argument	[arχument]
substantie (de)	substansie	[substaŋsi]

hypothese (de)	hipotese	[hipotesə]
dilemma (het)	dilemma	[dilɛmma]
dissertatie (de)	proefskrif	[prufskrif]
dogma (het)	dogma	[doχma]

doctrine (de)	doktrine	[doktrinə]
onderzoek (het)	navorsing	[naforsiŋ]
onderzoeken (ww)	navors	[nafors]
toetsing (de)	toetse	[tutsə]
laboratorium (het)	laboratorium	[laboratorium]

methode (de)	metode	[metodə]
molecule (de/het)	molekule	[molekulə]
monitoring (de)	monitering	[moniteriŋ]
ontdekking (de)	ontdekking	[ontdɛkkiŋ]

postulaat (het)	postulaat	[postulāt]
principe (het)	beginsel	[beχinsəl]
voorspelling (de)	voorspelling	[foərspɛlliŋ]
een prognose maken	voorspel	[foərspəl]

synthese (de)	sintese	[sintesə]
tendentie (de)	tendens	[tendɛŋs]
theorema (het)	stelling	[stɛlliŋ]

leerstellingen (mv.)	leer	[leər]
feit (het)	feit	[fæjt]
expeditie (de)	ekspedisie	[ɛkspedisi]
experiment (het)	eksperiment	[ɛksperiment]

academicus (de)	akademikus	[akademikus]
bachelor (bijv. BA, LLB)	baccalaureus	[bakalɔurøəs]
doctor (de)	doktor	[doktor]
universitair docent (de)	medeprofessor	[medə·profɛssor]

| master, magister (de) | **Magister** | [maχistər] |
| professor (de) | **professor** | [profɛssor] |

Beroepen en ambachten

85. Zoeken naar werk. Ontslag

baan (de)	baantjie	[bānki]
werknemers (mv.)	personeel	[personeəl]
personeel (het)	personeel	[personeəl]
carrière (de)	loopbaan	[loəpbān]
vooruitzichten (mv.)	vooruitsigte	[foərœit·siχtə]
meesterschap (het)	meesterskap	[meəsterskap]
keuze (de)	seleksie	[seleksi]
uitzendbureau (het)	arbeidsburo	[arbæjds·buro]
CV, curriculum vitae (het)	curriculum vitae	[kurrikulum fitaə]
sollicitatiegesprek (het)	werksonderhoud	[werk·ondərhæʊt]
vacature (de)	vakature	[fakaturə]
salaris (het)	salaris	[salaris]
vaste salaris (het)	vaste salaris	[fastə salaris]
loon (het)	loon	[loən]
betrekking (de)	posisie	[posisi]
taak, plicht (de)	taak	[tāk]
takenpakket (het)	reeks opdragte	[reəks opdraχtə]
bezig (~ zijn)	besig	[besəχ]
ontslagen (ww)	afdank	[afdank]
ontslag (het)	afdanking	[afdankiŋ]
werkloosheid (de)	werkloosheid	[verkloəshæjt]
werkloze (de)	werkloos	[verkloəs]
pensioen (het)	pensioen	[pɛnsiun]
met pensioen gaan	met pensioen gaan	[met pɛnsiun χān]

86. Zakenmensen

directeur (de)	direkteur	[direktøər]
beheerder (de)	bestuurder	[bestɪrdər]
hoofd (het)	baas	[bās]
baas (de)	hoof	[hoəf]
superieuren (mv.)	hoofde	[hoəfdə]
president (de)	direkteur	[direktøər]
voorzitter (de)	voorsitter	[foərsittər]
adjunct (de)	adjunk	[adjunk]
assistent (de)	assistent	[assistent]

| secretaris (de) | sekretaris | [sekretaris] |
| persoonlijke assistent (de) | persoonlike assistent | [persoənlike assistent] |

zakenman (de)	sakeman	[sakəman]
ondernemer (de)	entrepreneur	[ɛntrəprenøər]
oprichter (de)	stigter	[stiχtər]
oprichten	stig	[stiχ]
(een nieuw bedrijf ~)		

stichter (de)	stigter	[stiχtər]
partner (de)	vennoot	[fɛnnoət]
aandeelhouder (de)	aandeelhouer	[āndeəl·hæuər]

miljonair (de)	miljoenêr	[miljunær]
miljardair (de)	miljardêr	[miljardær]
eigenaar (de)	eienaar	[æjenār]
landeigenaar (de)	grondeienaar	[χront·æjenār]

klant (de)	kliënt	[kliɛnt]
vaste klant (de)	vaste kliënt	[fastə kliɛnt]
koper (de)	koper	[kopər]
bezoeker (de)	besoeker	[besukər]
professioneel (de)	professioneel	[profɛssioneəl]
expert (de)	kenner	[kɛnnər]
specialist (de)	spesialis	[spesialis]

| bankier (de) | bankier | [bankir] |
| makelaar (de) | makelaar | [makəlār] |

kassier (de)	kassier	[kassir]
boekhouder (de)	boekhouer	[bukhæuər]
bewaker (de)	veiligheidswag	[fæjliχæjts·waχ]

investeerder (de)	belegger	[beleχər]
schuldenaar (de)	skuldenaar	[skuldenār]
crediteur (de)	krediteur	[kreditøər]
lener (de)	lener	[lenər]

| importeur (de) | invoerder | [infurdər] |
| exporteur (de) | uitvoerder | [œitfurdər] |

producent (de)	produsent	[produsent]
distributeur (de)	verdeler	[ferdelər]
bemiddelaar (de)	tussenpersoon	[tussən·persoən]

adviseur, consulent (de)	raadgewer	[rāt·χevər]
vertegenwoordiger (de)	verkoopsagent	[ferkoəps·aχent]
agent (de)	agent	[aχent]
verzekeringsagent (de)	versekeringsagent	[fersəkeriŋs·aχent]

87. Dienstverlenende beroepen

| kok (de) | kok | [kok] |
| chef-kok (de) | sjef | [ʃef] |

bakker (de)	bakker	[bakkər]
barman (de)	kroegman	[kruχman]
kelner, ober (de)	kelner	[kɛlnər]
serveerster (de)	kelnerin	[kɛlnərin]
advocaat (de)	advokaat	[adfokāt]
jurist (de)	prokureur	[prokurøer]
notaris (de)	notaris	[notaris]
elektricien (de)	elektrisiën	[ɛlektrisiɛn]
loodgieter (de)	loodgieter	[loədχitər]
timmerman (de)	timmerman	[timmerman]
masseur (de)	masseerder	[masseerdər]
masseuse (de)	masseerster	[masseerstər]
dokter, arts (de)	dokter	[doktər]
taxichauffeur (de)	taxibestuurder	[taksi·bestɪrdər]
chauffeur (de)	bestuurder	[bestɪrdər]
koerier (de)	koerier	[kurir]
kamermeisje (het)	kamermeisie	[kamər·mæjsi]
bewaker (de)	veiligheidswag	[fæjliχæjts·waχ]
stewardess (de)	lugwaardin	[luχ·wārdin]
meester (de)	onderwyser	[ondərwajsər]
bibliothecaris (de)	bibliotekaris	[bibliotekaris]
vertaler (de)	vertaler	[fertalər]
tolk (de)	tolk	[tolk]
gids (de)	gids	[χids]
kapper (de)	haarkapper	[hār·kappər]
postbode (de)	posbode	[pos·bodə]
verkoper (de)	verkoper	[ferkopər]
tuinman (de)	tuinman	[tœin·man]
huisbediende (de)	bediende	[bedində]
dienstmeisje (het)	bediende	[bedində]
schoonmaakster (de)	skoonmaakster	[skoen·mākstər]

88. Militaire beroepen en rangen

soldaat (rang)	soldaat	[soldāt]
sergeant (de)	sersant	[sersant]
luitenant (de)	luitenant	[lœitənant]
kapitein (de)	kaptein	[kaptæjn]
majoor (de)	majoor	[majoər]
kolonel (de)	kolonel	[kolonəl]
generaal (de)	generaal	[χenerāl]
maarschalk (de)	maarskalk	[mārskalk]
admiraal (de)	admiraal	[admirāl]
militair (de)	leër	[leɛr]
soldaat (de)	soldaat	[soldāt]

| officier (de) | offisier | [offisir] |
| commandant (de) | kommandant | [kommandant] |

grenswachter (de)	grenswag	[xrɛŋs·waχ]
marconist (de)	radio-operateur	[radio-operatøər]
verkenner (de)	verkenner	[fərkɛnnər]
sappeur (de)	sappeur	[sappøər]
schutter (de)	skutter	[skuttər]
stuurman (de)	navigator	[nafiχator]

89. Ambtenaren. Priesters

| koning (de) | koning | [koniŋ] |
| koningin (de) | koningin | [koniŋin] |

| prins (de) | prins | [prins] |
| prinses (de) | prinses | [prinsəs] |

| tsaar (de) | tsaar | [tsãr] |
| tsarina (de) | tsarina | [tsarina] |

president (de)	president	[president]
minister (de)	minister	[ministər]
eerste minister (de)	eerste minister	[eərstə ministər]
senator (de)	senator	[senator]

diplomaat (de)	diplomaat	[diplomãt]
consul (de)	konsul	[kɔŋsul]
ambassadeur (de)	ambassadeur	[ambassadøər]
adviseur (de)	adviseur	[adfisøər]

ambtenaar (de)	amptenaar	[amptənar]
prefect (de)	prefek	[prefek]
burgemeester (de)	burgermeester	[burgər·meəstər]

| rechter (de) | regter | [reχtər] |
| aanklager (de) | aanklaer | [ãnklaər] |

missionaris (de)	sendeling	[sendəliŋ]
monnik (de)	monnik	[monnik]
abt (de)	ab	[ap]
rabbi, rabbijn (de)	rabbi	[rabbi]

vizier (de)	visier	[fisir]
sjah (de)	sjah	[ʃah]
sjeik (de)	sjeik	[ʃæjk]

90. Agrarische beroepen

imker (de)	byeboer	[bajebur]
herder (de)	herder	[herdər]
landbouwkundige (de)	landboukundige	[landbæu·kundiχə]

veehouder (de)	veeteler	[feə·telər]
dierenarts (de)	veearts	[feə·arts]
landbouwer (de)	boer	[bur]
wijnmaker (de)	wynmaker	[vajn·makər]
zoöloog (de)	dierkundige	[dir·kundiχə]
cowboy (de)	cowboy	[kovboj]

91. Kunst beroepen

acteur (de)	akteur	[aktøər]
actrice (de)	aktrise	[aktrisə]
zanger (de)	sanger	[saŋər]
zangeres (de)	sangeres	[saŋəres]
danser (de)	danser	[daŋsər]
danseres (de)	danseres	[daŋsəres]
artiest (mann.)	verhoogkunstenaar	[ferhoəχ·kunstənār]
artiest (vrouw.)	verhoogkunstenares	[ferhoəχ·kunstənares]
muzikant (de)	musikant	[musikant]
pianist (de)	pianis	[pianis]
gitarist (de)	kitaarspeler	[kitār·spelər]
orkestdirigent (de)	dirigent	[diriχent]
componist (de)	komponis	[komponis]
impresario (de)	impresario	[impresario]
filmregisseur (de)	filmregisseur	[film·reχissøər]
filmproducent (de)	produsent	[produsent]
scenarioschrijver (de)	draaiboekskrywer	[drājbuk·skrajvər]
criticus (de)	kritikus	[kritikus]
schrijver (de)	skrywer	[skrajvər]
dichter (de)	digter	[diχtər]
beeldhouwer (de)	beeldhouer	[beəldhæʊər]
kunstenaar (de)	kunstenaar	[kunstənār]
jongleur (de)	jongleur	[jonχløər]
clown (de)	hanswors	[haŋswors]
acrobaat (de)	akrobaat	[akrobāt]
goochelaar (de)	goëlaar	[χoɛlār]

92. Verschillende beroepen

dokter, arts (de)	dokter	[doktər]
ziekenzuster (de)	verpleegster	[ferpleəχ·stər]
psychiater (de)	psigiater	[psiχiatər]
tandarts (de)	tandarts	[tand·arts]
chirurg (de)	chirurg	[ʃirurχ]

astronaut (de)	astronout	[astronæʊt]
astronoom (de)	astronoom	[astronoəm]
piloot (de)	piloot	[piloət]
chauffeur (de)	bestuurder	[bestɪrdər]
machinist (de)	treindrywer	[træjn·drajvər]
mecanicien (de)	werktuigkundige	[verktœiχ·kundiχə]
mijnwerker (de)	mynwerker	[majn·werkər]
arbeider (de)	werker	[verkər]
bankwerker (de)	slotmaker	[slot·makər]
houtbewerker (de)	skrynwerker	[skrajn·werkər]
draaier (de)	draaibankwerker	[drãjbank·werkər]
bouwvakker (de)	bouwerker	[bæʊ·verkər]
lasser (de)	sweiser	[swæjsər]
professor (de)	professor	[profɛssor]
architect (de)	argitek	[arχitek]
historicus (de)	historikus	[historikus]
wetenschapper (de)	wetenskaplike	[vetɛŋskaplikə]
fysicus (de)	fisikus	[fisikus]
scheikundige (de)	skeikundige	[skæjkundiχə]
archeoloog (de)	argeoloog	[arχeoloəχ]
geoloog (de)	geoloog	[χeoloəχ]
onderzoeker (de)	navorser	[naforsər]
babysitter (de)	babasitter	[babasittər]
leraar, pedagoog (de)	onderwyser	[ondərwajsər]
redacteur (de)	redakteur	[redaktøər]
chef-redacteur (de)	hoofredakteur	[hœf·redaktøər]
correspondent (de)	korrespondent	[korrespondɛnt]
typiste (de)	tikster	[tikstər]
designer (de)	ontwerper	[ontwerpər]
computerexpert (de)	rekenaarkenner	[rekənãr·kɛnnər]
programmeur (de)	programmeur	[proχrammøər]
ingenieur (de)	ingenieur	[inχeniøər]
matroos (de)	matroos	[matroəs]
zeeman (de)	seeman	[seeman]
redder (de)	redder	[rɛddər]
brandweerman (de)	brandweerman	[brantveər·man]
politieagent (de)	polisieman	[polisi·man]
nachtwaker (de)	bewaker	[bevakər]
detective (de)	speurder	[spøərdər]
douanier (de)	doeanebeampte	[duanə·beamptə]
lijfwacht (de)	lyfwag	[lajf·waχ]
gevangenisbewaker (de)	tronkbewaarder	[tronk·bevãrdər]
inspecteur (de)	inspekteur	[inspektøər]
sportman (de)	sportman	[sportman]
trainer (de)	breier	[bræjer]

slager, beenhouwer (de)	**slagter**	[slaχtər]
schoenlapper (de)	**skoenmaker**	[skun·makər]
handelaar (de)	**handelaar**	[handəlãr]
lader (de)	**laaier**	[lãjer]
kledingstilist (de)	**modeontwerper**	[modə·ontwerpər]
model (het)	**model**	[modəl]

93. Beroepen. Sociale status

scholier (de)	**skoolseun**	[skoəl·søən]
student (de)	**student**	[student]
filosoof (de)	**filosoof**	[filosoəf]
econoom (de)	**ekonoom**	[ɛkonoəm]
uitvinder (de)	**uitvinder**	[œitfindər]
werkloze (de)	**werkloos**	[verkloəs]
gepensioneerde (de)	**pensioentrekker**	[pɛnsiun·trɛkkər]
spion (de)	**spioen**	[spiun]
gedetineerde (de)	**gevangene**	[χefaŋənə]
staker (de)	**staker**	[stakər]
bureaucraat (de)	**burokraat**	[burokrãt]
reiziger (de)	**reisiger**	[ræjsiχər]
homoseksueel (de)	**gay**	[χaaj]
hacker (computerkraker)	**kuberkraker**	[kubər·krakər]
hippie (de)	**hippie**	[hippi]
bandiet (de)	**bandiet**	[bandit]
huurmoordenaar (de)	**huurmoordenaar**	[hɪr·moərdenãr]
drugsverslaafde (de)	**dwelmslaaf**	[dwɛlm·slãf]
drugshandelaar (de)	**dwelmhandelaar**	[dwɛlm·handəlãr]
prostituee (de)	**prostituut**	[prostitɪt]
pooier (de)	**pooier**	[pojer]
tovenaar (de)	**towenaar**	[tovenãr]
tovenares (de)	**heks**	[heks]
piraat (de)	**piraat, seerower**	[pirãt], [seə·rovər]
slaaf (de)	**slaaf**	[slãf]
samoerai (de)	**samoerai**	[samuraj]
wilde (de)	**wilde**	[vildə]

Onderwijs

94. School

school (de)	skool	[skoəl]
schooldirecteur (de)	prinsipaal	[prinsipāl]
leerling (de)	leerder	[leərdər]
leerlinge (de)	leerder	[leərdər]
scholier (de)	skoolseun	[skoəl·søən]
scholiere (de)	skooldogter	[skoəl·doχtər]
leren (lesgeven)	leer	[leər]
studeren (bijv. een taal ~)	leer	[leər]
van buiten leren	van buite leer	[fan bœitə leər]
leren (bijv. ~ tellen)	leer	[leər]
in school zijn (schooljongen zijn)	op skool wees	[op skoəl veəs]
naar school gaan	skooltoe gaan	[skoəltu χān]
alfabet (het)	alfabet	[alfabet]
vak (schoolvak)	vak	[fak]
klaslokaal (het)	klaskamer	[klas·kamər]
les (de)	les	[les]
pauze (de)	pouse	[pæʊsə]
bel (de)	skoolbel	[skoəl·bel]
schooltafel (de)	skoolbank	[skoəl·bank]
schoolbord (het)	bord	[bort]
cijfer (het)	simbool	[simboəl]
goed cijfer (het)	goeie punt	[χuje punt]
slecht cijfer (het)	slegte punt	[sleχtə punt]
fout (de)	fout	[fæʊt]
fouten maken	foute maak	[fæʊtə māk]
corrigeren (fouten ~)	korrigeer	[korriχeər]
spiekbriefje (het)	afskryfbriefie	[afskrajf·brifi]
huiswerk (het)	huiswerk	[hœis·werk]
oefening (de)	oefening	[ufeniŋ]
aanwezig zijn (ww)	aanwesig wees	[ānweseχ veəs]
absent zijn (ww)	afwesig wees	[afweseχ veəs]
school verzuimen	stokkies draai	[stokkis drāj]
bestraffen (een stout kind ~)	straf	[straf]
bestraffing (de)	straf	[straf]
gedrag (het)	gedrag	[χedraχ]

cijferlijst (de)	rapport	[rapport]
potlood (het)	potlood	[potloət]
gom (de)	uitveër	[œitfeɛr]
krijt (het)	kryt	[krajt]
pennendoos (de)	potloodsakkie	[potloət·sakki]
boekentas (de)	boekesak	[bukə·sak]
pen (de)	pen	[pen]
schrift (de)	skryfboek	[skrajf·buk]
leerboek (het)	handboek	[hand·buk]
passer (de)	passer	[passər]
technisch tekenen (ww)	tegniese tekeninge maak	[teχnisə tekənikə māk]
technische tekening (de)	tegniese tekening	[teχnisə tekəniŋ]
gedicht (het)	gedig	[χedəχ]
van buiten (bw)	van buite	[fan bœitə]
van buiten leren	van buite leer	[fan bœitə leər]
vakantie (de)	skoolvakansie	[skoəl·fakaŋsi]
met vakantie zijn	met vakansie wees	[met fakaŋsi veəs]
vakantie doorbrengen	jou vakansie deurbring	[jæʊ fakaŋsi døərbriŋ]
toets (schriftelijke ~)	toets	[tuts]
opstel (het)	opstel	[opstəl]
dictee (het)	diktee	[dikteə]
examen (het)	eksamen	[ɛksamen]
experiment (het)	eksperiment	[ɛksperiment]

95. Hogeschool. Universiteit

academie (de)	akademie	[akademi]
universiteit (de)	universiteit	[unifersitæjt]
faculteit (de)	fakulteit	[fakultæjt]
student (de)	student	[student]
studente (de)	student	[student]
leraar (de)	lektor	[lektor]
collegezaal (de)	lesingsaal	[lesiŋ·sāl]
afgestudeerde (de)	gegradueerde	[χeχradueərdə]
diploma (het)	sertifikaat	[sertifikāt]
dissertatie (de)	proefskrif	[prufskrif]
onderzoek (het)	navorsing	[naforsiŋ]
laboratorium (het)	laboratorium	[laboratorium]
college (het)	lesing	[lesiŋ]
medestudent (de)	medestudent	[medə·student]
studiebeurs (de)	beurs	[bøərs]
academische graad (de)	akademiese graad	[akademisə χrāt]

96. Wetenschappen. Disciplines

wiskunde (de)	wiskunde	[viskundə]
algebra (de)	algebra	[alχebra]
meetkunde (de)	meetkunde	[meetkundə]
astronomie (de)	astronomie	[astronomi]
biologie (de)	biologie	[bioloχi]
geografie (de)	geografie	[χeoχrafi]
geologie (de)	geologie	[χeoloχi]
geschiedenis (de)	geskiedenis	[χeskidenis]
geneeskunde (de)	geneeskunde	[χenees·kundə]
pedagogiek (de)	pedagogie	[pedaχoχi]
rechten (mv.)	regte	[reχtə]
fysica, natuurkunde (de)	fisika	[fisika]
scheikunde (de)	chemie	[χemi]
filosofie (de)	filosofie	[filosofi]
psychologie (de)	sielkunde	[silkundə]

97. Schrift. Spelling

grammatica (de)	grammatika	[χrammatika]
vocabulaire (het)	woordeskat	[voərdeskat]
fonetiek (de)	fonetika	[fonetika]
zelfstandig naamwoord (het)	selfstandige naamwoord	[sɛlfstandiχə nãmwoərt]
bijvoeglijk naamwoord (het)	byvoeglike naamwoord	[bajfuχlikə nãmvoərt]
werkwoord (het)	werkwoord	[verk·woərt]
bijwoord (het)	bijwoord	[bij·woərt]
voornaamwoord (het)	voornaamwoord	[foərnãm·voərt]
tussenwerpsel (het)	tussenwerpsel	[tussən·werpsəl]
voorzetsel (het)	voorsetsel	[foərsetsəl]
stam (de)	stam	[stam]
achtervoegsel (het)	agtervoegsel	[aχtər·fuχsəl]
voorvoegsel (het)	voorvoegsel	[foər·fuχsəl]
lettergreep (de)	lettergreep	[lɛttər·χreəp]
achtervoegsel (het)	agtervoegsel, suffiks	[aχtər·fuχsəl], [suffiks]
nadruk (de)	klemteken	[klem·tekən]
afkappingsteken (het)	afkappingsteken	[afkappiŋs·tekən]
punt (de)	punt	[punt]
komma (de/het)	komma	[komma]
puntkomma (de)	kommapunt	[komma·punt]
dubbelpunt (de)	dubbelpunt	[dubbəl·punt]
beletselteken (het)	beletselteken	[beletsəl·tekən]
vraagteken (het)	vraagteken	[frãχ·tekən]
uitroepteken (het)	uitroepteken	[œitrup·tekən]

aanhalingstekens (mv.)	aanhalingstekens	[ānhaliŋs·tekəŋs]
tussen aanhalingstekens (bw)	tussen aanhalingstekens	[tussən ānhaliŋs·tekəŋs]
haakjes (mv.)	hakies	[hakis]
tussen haakjes (bw)	tussen hakies	[tussən hakis]
streepje (het)	koppelteken	[koppəl·tekən]
gedachtestreepje (het)	strepie	[strepi]
spatie	spasie	[spasi]
(~ tussen twee woorden)		
letter (de)	letter	[lɛttər]
hoofdletter (de)	hoofletter	[hoəf·lɛttər]
klinker (de)	klinker	[klinkər]
medeklinker (de)	konsonant	[kɔŋsonant]
zin (de)	sin	[sin]
onderwerp (het)	onderwerp	[ondərwerp]
gezegde (het)	predikaat	[predikāt]
regel (in een tekst)	reël	[reɛl]
alinea (de)	paragraaf	[paraχrāf]
woord (het)	woord	[voərt]
woordgroep (de)	woordgroep	[voərt·χrup]
uitdrukking (de)	uitdrukking	[œitdrukkiŋ]
synoniem (het)	sinoniem	[sinonim]
antoniem (het)	antoniem	[antonim]
regel (de)	reël	[reɛl]
uitzondering (de)	uitsondering	[œitsondəriŋ]
correct (bijv. ~e spelling)	korrek	[korrek]
vervoeging, conjugatie (de)	vervoeging	[ferfuχiŋ]
verbuiging, declinatie (de)	verbuiging	[ferbœəχiŋ]
naamval (de)	naamval	[nāmfal]
vraag (de)	vraag	[frāχ]
onderstrepen (ww)	onderstreep	[ondərstreəp]
stippellijn (de)	stippellyn	[stippəl·lajn]

98. Vreemde talen

taal (de)	taal	[tāl]
vreemd (bn)	vreemd	[freəmt]
vreemde taal (de)	vreemde taal	[freəmdə tāl]
leren (bijv. van buiten ~)	studeer	[studeər]
studeren (Nederlands ~)	leer	[leər]
lezen (ww)	lees	[leəs]
spreken (ww)	praat	[prāt]
begrijpen (ww)	verstaan	[ferstān]
schrijven (ww)	skryf	[skrajf]
snel (bw)	vinnig	[finnəχ]
langzaam (bw)	stadig	[stadəχ]

Nederlands	Afrikaans	Uitspraak
vloeiend (bw)	vlot	[flot]
regels (mv.)	reëls	[reɛls]
grammatica (de)	grammatika	[χrammatika]
vocabulaire (het)	woordeskat	[voərdeskat]
fonetiek (de)	fonetika	[fonetika]
leerboek (het)	handboek	[hand·buk]
woordenboek (het)	woordeboek	[voərdə·buk]
leerboek (het) voor zelfstudie	selfstudie boek	[sɛlfstudi buk]
taalgids (de)	taalgids	[tāl·χids]
cassette (de)	kasset	[kasset]
videocassette (de)	videoband	[video·bant]
CD (de)	CD	[se·de]
DVD (de)	DVD	[de·fe·de]
alfabet (het)	alfabet	[alfabet]
spellen (ww)	spel	[spel]
uitspraak (de)	uitspraak	[œitsprāk]
accent (het)	aksent	[aksent]
woord (het)	woord	[voərt]
betekenis (de)	betekenis	[betekənis]
cursus (de)	kursus	[kursus]
zich inschrijven (ww)	inskryf	[inskrajf]
leraar (de)	onderwyser	[ondərwajsər]
vertaling (een ~ maken)	vertaling	[fertaliŋ]
vertaling (tekst)	vertaling	[fertaliŋ]
vertaler (de)	vertaler	[fertalər]
tolk (de)	tolk	[tolk]
polyglot (de)	poliglot	[poliχlot]
geheugen (het)	geheue	[χəhøə]

Rusten. Entertainment. Reizen

99. Trip. Reizen

Nederlands	Afrikaans	Uitspraak
toerisme (het)	toerisme	[turismə]
toerist (de)	toeris	[turis]
reis (de)	**reis**	[ræjs]
avontuur (het)	avontuur	[afontɪr]
tocht (de)	reis	[ræjs]
vakantie (de)	vakansie	[fakaŋsi]
met vakantie zijn	met vakansie wees	[met fakaŋsi veəs]
rust (de)	rus	[rus]
trein (de)	trein	[træjn]
met de trein	per trein	[pər træjn]
vliegtuig (het)	vliegtuig	[fliχtœiχ]
met het vliegtuig	per vliegtuig	[pər fliχtœiχ]
met de auto	per motor	[pər motor]
per schip (bw)	per skip	[pər skip]
bagage (de)	bagasie	[baχasi]
valies (de)	tas	[tas]
bagagekarretje (het)	bagasiekarretjie	[baχasi·karrəki]
paspoort (het)	paspoort	[fispoərt]
visum (het)	visum	[fisum]
kaartje (het)	kaartjie	[kārki]
vliegticket (het)	lugkaartjie	[luχ·kārki]
reisgids (de)	reisgids	[ræjsχids]
kaart (de)	kaart	[kārt]
gebied (landelijk ~)	gebied	[χebit]
plaats (de)	plek	[plek]
exotische bestemming (de)	eksotiese dinge	[ɛksotisə diŋə]
exotisch (bn)	eksoties	[ɛksotis]
verwonderlijk (bn)	verbasend	[ferbasent]
groep (de)	groep	[χrup]
rondleiding (de)	uitstappie	[œitstappi]
gids (de)	gids	[χids]

100. Hotel

Nederlands	Afrikaans	Uitspraak
motel (het)	motel	[motəl]
3-sterren	drie-ster	[dri-stər]
5-sterren	**vyf-ster**	[fajf-stər]

overnachten (ww)	oornag	[oərnaχ]
kamer (de)	kamer	[kamər]
eenpersoonskamer (de)	enkelkamer	[ɛnkəl·kamər]
tweepersoonskamer (de)	dubbelkamer	[dubbəl·kamər]

| halfpension (het) | met aandete, bed en ontbyt | [met āndetə], [bet en ontbajt] |
| volpension (het) | volle losies | [follə losis] |

met badkamer	met bad	[met bat]
met douche	met stortbad	[met stort·bat]
satelliet-tv (de)	satelliet-TV	[satɛllit-te·fe]
airconditioner (de)	lugversorger	[luχfersorχər]
handdoek (de)	handdoek	[handduk]
sleutel (de)	sleutel	[sløetəl]

administrateur (de)	bestuurder	[bestɪrdər]
kamermeisje (het)	kamermeisie	[kamər·mæjsi]
piccolo (de)	hoteljoggie	[hotəl·joχi]
portier (de)	portier	[portir]

restaurant (het)	restaurant	[restourant]
bar (de)	kroeg	[kruχ]
ontbijt (het)	ontbyt	[ontbajt]
avondeten (het)	aandete	[āndetə]
buffet (het)	buffetete	[buffetetə]

| hal (de) | voorportaal | [foər·portāl] |
| lift (de) | hysbak | [hajsbak] |

| NIET STOREN | MOENIE STEUR NIE | [muni støər ni] |
| VERBODEN TE ROKEN! | ROOK VERBODE | [roək ferbodə] |

TECHNISCHE APPARATUUR. VERVOER

Technische apparatuur

101. Computer

computer (de)	rekenaar	[rekənār]
laptop (de)	skootrekenaar	[skoet·rekənār]
aanzetten (ww)	aanskakel	[āŋskakəl]
uitzetten (ww)	afskakel	[afskakəl]
toetsenbord (het)	toetsbord	[tuts·bort]
toets (enter~)	toets	[tuts]
muis (de)	muis	[mœis]
muismat (de)	muismatjie	[mœis·maki]
knopje (het)	knop	[knop]
cursor (de)	loper	[lopər]
monitor (de)	monitor	[monitor]
scherm (het)	skerm	[skerm]
harde schijf (de)	harde skyf	[hardə skajf]
volume (het) van de harde schijf	harde skyf se vermoë	[hardə skajf sə fermoɛ]
geheugen (het)	geheue	[χəhøə]
RAM-geheugen (het)	RAM-geheue	[ram-χəhøəə]
bestand (het)	lêer	[lɛər]
folder (de)	gids	[χids]
openen (ww)	oopmaak	[oəpmāk]
sluiten (ww)	sluit	[slœit]
opslaan (ww)	bewaar	[bevār]
verwijderen (wissen)	uitvee	[œitfeə]
kopiëren (ww)	kopieer	[kopir]
sorteren (ww)	sorteer	[sorteər]
overplaatsen (ww)	oorplaas	[oərplās]
programma (het)	program	[proχram]
software (de)	sagteware	[saχtevarə]
programmeur (de)	programmeur	[proχrammøər]
programmeren (ww)	programmeer	[proχrammeər]
hacker (computerkraker)	kuberkraker	[kubər·krakər]
wachtwoord (het)	wagwoord	[vaχ·woərt]
virus (het)	virus	[firus]
ontdekken (virus ~)	opspoor	[opspoər]

byte (de)	greep	[xreəp]
megabyte (de)	megagreep	[meχaχreəp]
data (de)	data	[data]
databank (de)	databasis	[data·basis]
kabel (USB-~, enz.)	kabel	[kabəl]
afsluiten (ww)	ontkoppel	[ontkoppəl]
aansluiten op (ww)	konnekteer	[konnekteər]

102. Internet. E-mail

internet (het)	internet	[internet]
browser (de)	webblaaier	[veb·blãjer]
zoekmachine (de)	soekenjin	[suk·ɛndʒin]
internetprovider (de)	verskaffer	[ferskaffər]
webmaster (de)	webmeester	[veb·meəstər]
website (de)	webwerf	[veb·werf]
webpagina (de)	webblad	[veb·blat]
adres (het)	adres	[adres]
adresboek (het)	adresboek	[adres·buk]
postvak (het)	posbus	[pos·bus]
post (de)	pos	[pos]
vol (~ postvak)	vol	[fol]
bericht (het)	boodskap	[boədskap]
binnenkomende berichten (mv.)	inkomende boodskappe	[inkomendə boədskappə]
uitgaande berichten (mv.)	uitgaande boodskappe	[œitχãndə boədskappə]
verzender (de)	sender	[sendər]
verzenden (ww)	verstuur	[ferstɪr]
verzending (de)	versending	[fersendiŋ]
ontvanger (de)	ontvanger	[ontfaŋər]
ontvangen (ww)	ontvang	[ontfaŋ]
correspondentie (de)	korrespondensie	[korrespondɛŋsi]
corresponderen (met ...)	korrespondeer	[korrespondeər]
bestand (het)	lêer	[lɛər]
downloaden (ww)	aflaai	[aflãi]
creëren (ww)	skep	[skep]
verwijderen (een bestand ~)	uitvee	[œitfeə]
verwijderd (bn)	uitgevee	[œitχefeə]
verbinding (de)	konneksie	[konneksi]
snelheid (de)	spoed	[sput]
modem (de)	modem	[modem]
toegang (de)	toegang	[tuχaŋ]
poort (de)	portaal	[portãl]

aansluiting (de)	aansluiting	[ãŋslœitiŋ]
zich aansluiten (ww)	aansluit by ...	[ãŋslœit baj ...]
selecteren (ww)	kies	[kis]
zoeken (ww)	soek	[suk]

103. Elektriciteit

elektriciteit (de)	elektrisiteit	[ɛlektrisitæjt]
elektrisch (bn)	elektries	[ɛlektris]
elektriciteitscentrale (de)	kragstasie	[kraχ·stasi]
energie (de)	krag	[kraχ]
elektrisch vermogen (het)	elektriese krag	[ɛlektrisə kraχ]
lamp (de)	gloeilamp	[χlui·lamp]
zaklamp (de)	flits	[flits]
straatlantaarn (de)	straatlig	[strãtləχ]
licht (elektriciteit)	lig	[liχ]
aandoen (ww)	aanskakel	[ãŋskakəl]
uitdoen (ww)	afskakel	[afskakəl]
het licht uitdoen	die lig afskakel	[di liχ afskakəl]
doorbranden (gloeilamp)	doodbrand	[doədbrant]
kortsluiting (de)	kortsluiting	[kort·slœitiŋ]
onderbreking (de)	gebreekte kabel	[χebreektə kabəl]
contact (het)	kontak	[kontak]
schakelaar (de)	ligskakelaar	[liχ·skakelãr]
stopcontact (het)	muurprop	[mɪrprop]
stekker (de)	prop	[prop]
verlengsnoer (de)	verlengkabel	[ferleŋ·kabəl]
zekering (de)	sekering	[sekəriŋ]
kabel (de)	kabel	[kabəl]
bedrading (de)	bedrading	[bedradiŋ]
ampère (de)	ampère	[ampɛ:r]
stroomsterkte (de)	stroomsterkte	[stroəm·sterktə]
volt (de)	volt	[folt]
spanning (de)	spanning	[spanniŋ]
elektrisch toestel (het)	elektriese toestel	[ɛlektrisə tustəl]
indicator (de)	aanduier	[ãndœiər]
elektricien (de)	elektrisiën	[ɛlektrisiɛn]
solderen (ww)	soldeer	[soldeər]
soldeerbout (de)	soldeerbout	[soldeər·bæʊt]
stroom (de)	elektriese stroom	[ɛlektrisə stroəm]

104. Gereedschappen

werktuig (stuk gereedschap)	werktuig	[verktœiχ]
gereedschap (het)	gereedskap	[χereədskap]

uitrusting (de)	toerusting	[turustiŋ]
hamer (de)	hamer	[hamər]
schroevendraaier (de)	skroewedraaier	[skruvə·drājer]
bijl (de)	byl	[bajl]
zaag (de)	saag	[sāχ]
zagen (ww)	saag	[sāχ]
schaaf (de)	skaaf	[skāf]
schaven (ww)	skaaf	[skāf]
soldeerbout (de)	soldeerbout	[soldeər·bæʊt]
solderen (ww)	soldeer	[soldeər]
vijl (de)	vyl	[fajl]
nijptang (de)	knyptang	[knajptaŋ]
combinatietang (de)	tang	[taŋ]
beitel (de)	beitel	[bæjtəl]
boorkop (de)	boor	[boər]
boormachine (de)	elektriese boor	[ɛlektrisə boər]
boren (ww)	boor	[boər]
mes (het)	mes	[mes]
zakmes (het)	sakmes	[sakmes]
lemmet (het)	lem	[lem]
scherp (bijv. ~ mes)	skerp	[skerp]
bot (bn)	stomp	[stomp]
bot raken (ww)	stomp raak	[stomp rāk]
slijpen (een mes ~)	slyp	[slajp]
bout (de)	bout	[bæʊt]
moer (de)	moer	[mur]
schroefdraad (de)	draad	[drāt]
houtschroef (de)	houtskroef	[hæʊt·skruf]
spijker (de)	spyker	[spajkər]
kop (de)	kop	[kop]
liniaal (de/het)	meetlat	[meətlat]
rolmeter (de)	meetband	[meət·bant]
waterpas (de/het)	waterpas	[vatərpas]
loep (de)	vergrootglas	[ferχroət·χlas]
meetinstrument (het)	meetinstrument	[meət·instrument]
opmeten (ww)	meet	[meət]
schaal (meetschaal)	skaal	[skāl]
gegevens (mv.)	lesings	[lesiŋs]
compressor (de)	kompressor	[komprɛssor]
microscoop (de)	mikroskoop	[mikroskoəp]
pomp (de)	pomp	[pomp]
robot (de)	robot	[robot]
laser (de)	laser	[lasər]
moersleutel (de)	moersleutel	[mur·sløətəl]
plakband (de)	plakband	[plak·bant]

Nederlands	Afrikaans	Uitspraak
lijm (de)	gom	[χom]
schuurpapier (het)	**skuurpapier**	[skɪr·papir]
veer (de)	**veer**	[feər]
magneet (de)	**magneet**	[maχneət]
handschoenen (mv.)	**handskoene**	[handskunə]
touw (bijv. henneptouw)	**tou**	[tæʊ]
snoer (het)	**tou**	[tæʊ]
draad (de)	**draad**	[drãt]
kabel (de)	**kabel**	[kabəl]
moker (de)	**voorhamer**	[foər·hamər]
breekijzer (het)	**breekyster**	[breəkajstər]
ladder (de)	**leer**	[leər]
trapje (inklapbaar ~)	**trapleer**	[trapleər]
aanschroeven (ww)	**vasskroef**	[fasskruf]
losschroeven (ww)	**losskroef**	[losskruf]
dichtpersen (ww)	**saampars**	[sãmpars]
vastlijmen (ww)	**vasplak**	[fasplak]
snijden (ww)	**sny**	[snaj]
defect (het)	**fout**	[fæʊt]
reparatie (de)	**herstelwerk**	[herstəl·werk]
repareren (ww)	**herstel**	[herstəl]
regelen (een machine ~)	**stel**	[stəl]
checken (ww)	**nagaan**	[naχãn]
controle (de)	**kontrole**	[kontrolə]
gegevens (mv.)	**lesings**	[lesiŋs]
degelijk (bijv. ~ machine)	**betroubaar**	[betræʊbãr]
ingewikkeld (bn)	**ingewikkelde**	[inχəwikkɛldə]
roesten (ww)	**roes**	[rus]
roestig (bn)	**verroes**	[ferrus]
roest (de/het)	**roes**	[rus]

Vervoer

105. Vliegtuig

vliegtuig (het)	vliegtuig	[flixtœix]
vliegticket (het)	lugkaartjie	[lux·kārki]
luchtvaartmaatschappij (de)	lugredery	[luxrederaj]
luchthaven (de)	lughawe	[luxhavə]
supersonisch (bn)	supersonies	[supersonis]
gezagvoerder (de)	kaptein	[kaptæjn]
bemanning (de)	bemanning	[bemanniŋ]
piloot (de)	piloot	[piloət]
stewardess (de)	lugwaardin	[lux·wārdin]
stuurman (de)	navigator	[nafixator]
vleugels (mv.)	vlerke	[flerkə]
staart (de)	stert	[stert]
cabine (de)	stuurkajuit	[stɪr·kajœit]
motor (de)	enjin	[ɛndʒin]
landingsgestel (het)	landingstel	[landiŋ·stəl]
turbine (de)	turbine	[turbinə]
propeller (de)	skroef	[skruf]
zwarte doos (de)	swart boks	[swart boks]
stuur (het)	stuurstang	[stɪr·staŋ]
brandstof (de)	brandstof	[brantstof]
veiligheidskaart (de)	veiligheidskaart	[fæjlixæjts·kārt]
zuurstofmasker (het)	suurstofmasker	[sɪrstof·maskər]
uniform (het)	uniform	[uniform]
reddingsvest (de)	reddingsbaadjie	[rɛddiŋs·bādʒi]
parachute (de)	valskerm	[fal·skerm]
opstijgen (het)	opstyging	[opstajxiŋ]
opstijgen (ww)	opstyg	[opstajx]
startbaan (de)	landingsbaan	[landiŋs·bān]
zicht (het)	uitsig	[œitsəx]
vlucht (de)	vlug	[flux]
hoogte (de)	hoogte	[hoəxtə]
luchtzak (de)	lugsak	[luxsak]
plaats (de)	sitplek	[sitplek]
koptelefoon (de)	koptelefoon	[kop·telefoən]
tafeltje (het)	voutafeltjie	[fæʊ·tafɛlki]
venster (het)	vliegtuigvenster	[flixtœix·fɛŋstər]
gangpad (het)	paadjie	[pādʒi]

106. Trein

trein (de)	trein	[træjn]
elektrische trein (de)	voorstedelike trein	[foərstedelikə træjn]
sneltrein (de)	sneltrein	[snɛl·træjn]
diesellocomotief (de)	diesellokomotief	[disəl·lokomotif]
stoomlocomotief (de)	stoomlokomotief	[stoəm·lokomotif]
rijtuig (het)	passasierswa	[passasirs·wa]
restauratierijtuig (het)	eetwa	[eət·wa]
rails (mv.)	spoorstawe	[spoər·stawə]
spoorweg (de)	spoorweg	[spoər·weχ]
dwarsligger (de)	dwarslëer	[dwarslɛər]
perron (het)	perron	[perron]
spoor (het)	spoor	[spoər]
semafoor (de)	semafoor	[semafoər]
halte (bijv. kleine treinhalte)	stasie	[stasi]
machinist (de)	treindrywer	[træjn·drajvər]
kruier (de)	portier	[portir]
conducteur (de)	kondukteur	[konduktøər]
passagier (de)	passasier	[passasir]
controleur (de)	kondukteur	[konduktøər]
gang (in een trein)	gang	[χaŋ]
noodrem (de)	noodrem	[noədrem]
coupé (de)	kompartiment	[kompartiment]
bed (slaapplaats)	bed	[bet]
bovenste bed (het)	boonste bed	[boəŋstə bet]
onderste bed (het)	onderste bed	[ondərstə bet]
beddengoed (het)	beddegoed	[beddə·χut]
kaartje (het)	kaartjie	[kãrki]
dienstregeling (de)	diensrooster	[diŋs·roestər]
informatiebord (het)	informasiebord	[informasi·bort]
vertrekken (De trein vertrekt ...)	vertrek	[fertrek]
vertrek (ov. een trein)	vertrek	[fertrek]
aankomen (ov. de treinen)	aankom	[ãnkom]
aankomst (de)	aankoms	[ãnkoms]
aankomen per trein	aankom per trein	[ãnkom pər træjn]
in de trein stappen	in die trein klim	[in di træjn klim]
uit de trein stappen	uit die trein klim	[œit di træjn klim]
treinwrak (het)	treinbotsing	[træjn·botsiŋ]
ontspoord zijn	ontspoor	[ontspoər]
stoomlocomotief (de)	stoomlokomotief	[stoəm·lokomotif]
stoker (de)	stoker	[stokər]
stookplaats (de)	stookplek	[stoəkplek]
steenkool (de)	steenkool	[steən·koəl]

107. Schip

schip (het)	skip	[skip]
vaartuig (het)	vaartuig	[fārtœix]
stoomboot (de)	stoomboot	[stoəm·boət]
motorschip (het)	rivierboot	[rifir·boət]
lijnschip (het)	toerskip	[tur·skip]
kruiser (de)	kruiser	[krœisər]
jacht (het)	jag	[jax]
sleepboot (de)	sleepboot	[sleəp·boət]
duwbak (de)	vragskuit	[frax·skœit]
ferryboot (de)	veerboot	[feər·boət]
zeilboot (de)	seilskip	[sæjl·skip]
brigantijn (de)	skoenerbrik	[skunər·brik]
ijsbreker (de)	ysbreker	[ajs·brekər]
duikboot (de)	duikboot	[dœik·boət]
boot (de)	roeiboot	[ruiboət]
sloep (de)	bootjie	[boəki]
reddingssloep (de)	reddingsboot	[rɛddiŋs·boət]
motorboot (de)	motorboot	[motor·boət]
kapitein (de)	kaptein	[kaptæjn]
zeeman (de)	seeman	[seəman]
matroos (de)	matroos	[matroəs]
bemanning (de)	bemanning	[bemanniŋ]
bootsman (de)	bootsman	[boətsman]
scheepsjongen (de)	skeepsjonge	[skeəps·joŋə]
kok (de)	kok	[kok]
scheepsarts (de)	skeepsdokter	[skeəps·doktər]
dek (het)	dek	[dek]
mast (de)	mas	[mas]
zeil (het)	seil	[sæjl]
ruim (het)	skeepsruim	[skeəps·rœim]
voorsteven (de)	boeg	[bux]
achtersteven (de)	agterstewe	[axtərstevə]
roeispaan (de)	roeispaan	[ruis·pān]
schroef (de)	skroef	[skruf]
kajuit (de)	kajuit	[kajœit]
officierskamer (de)	offisierskajuit	[offisirs·kajœit]
machinekamer (de)	enjinkamer	[ɛndʒin·kamər]
brug (de)	brug	[brux]
radiokamer (de)	radiokamer	[radio·kamər]
radiogolf (de)	golf	[xolf]
logboek (het)	logboek	[loxbuk]
verrekijker (de)	verkyker	[ferkajkər]
klok (de)	bel	[bəl]

vlag (de)	vlag	[flaχ]
kabel (de)	kabel	[kabəl]
knoop (de)	knoop	[knoəp]
leuning (de)	dekleuning	[dek·løənɪŋ]
trap (de)	gangplank	[χaŋ·plank]
anker (het)	anker	[ankər]
het anker lichten	anker lig	[ankər ləχ]
het anker neerlaten	anker uitgooi	[ankər œitχoj]
ankerketting (de)	ankerketting	[ankər·kɛttɪŋ]
haven (bijv. containerhaven)	hawe	[havə]
kaai (de)	kaai	[kāi]
aanleggen (ww)	vasmeer	[fasmeər]
wegvaren (ww)	vertrek	[fertrek]
reis (de)	reis	[ræjs]
cruise (de)	cruise	[kru:s]
koers (de)	koers	[kurs]
route (de)	roete	[rutə]
vaarwater (het)	vaarwater	[fār·vatər]
zandbank (de)	sandbank	[sand·bank]
stranden (ww)	strand	[strant]
storm (de)	storm	[storm]
signaal (het)	sienjaal	[sinjāl]
zinken (ov. een boot)	sink	[sink]
Man overboord!	Man oorboord!	[man oərboərd!]
SOS (noodsignaal)	SOS	[sos]
reddingsboei (de)	reddingsboei	[rɛddɪŋs·bui]

108. Vliegveld

luchthaven (de)	lughawe	[luχhavə]
vliegtuig (het)	vliegtuig	[fliχtœiχ]
luchtvaartmaatschappij (de)	lugredery	[luχrederaj]
luchtverkeersleider (de)	lugverkeersleier	[luχ·ferkeərs·læjer]
vertrek (het)	vertrek	[fertrek]
aankomst (de)	aankoms	[ānkoms]
aankomen (per vliegtuig)	aankom	[ānkom]
vertrektijd (de)	vertrektyd	[fertrək·tajt]
aankomstuur (het)	aankomstyd	[ānkoms·tajt]
vertraagd zijn (ww)	vertraag wees	[fertrāχ veəs]
vluchtvertraging (de)	vlugvertraging	[fluχ·fertraχɪŋ]
informatiebord (het)	informasiebord	[informasi·bort]
informatie (de)	informasie	[informasi]
aankondigen (ww)	aankondig	[ānkondəχ]
vlucht (bijv. KLM ~)	vlug	[fluχ]

douane (de)	doeane	[duanə]
douanier (de)	doeanebeampte	[duanə·beamptə]
douaneaangifte (de)	doeaneverklaring	[duanə·ferklariŋ]
invullen (douaneaangifte ~)	invul	[inful]
paspoortcontrole (de)	paspoortkontrole	[paspoərt·kontrolə]
bagage (de)	bagasie	[baχasi]
handbagage (de)	handbagasie	[hand·baχasi]
bagagekarretje (het)	bagasiekarretjie	[baχasi·karrəki]
landing (de)	landing	[landiŋ]
landingsbaan (de)	landingsbaan	[landiŋs·bān]
landen (ww)	land	[lant]
vliegtuigtrap (de)	vliegtuigtrap	[fliχtœiχ·trap]
inchecken (het)	na die vertrektoonbank	[na di fertrək·toənbank]
incheckbalie (de)	vertrektoonbank	[fertrək·toənbank]
inchecken (ww)	na die vertrektoonbank gaan	[na di fertrək·toənbank χān]
instapkaart (de)	instapkaart	[instap·kārt]
gate (de)	vertrekuitgang	[fertrek·œitχaŋ]
transit (de)	transito	[traŋsito]
wachten (ww)	wag	[vaχ]
wachtzaal (de)	vertreksaal	[fertrək·sāl]
begeleiden (uitwuiven)	afsien	[afsin]
afscheid nemen (ww)	afskeid neem	[afskæjt neəm]

Gebeurtenissen in het leven

109. Vakanties. Evenement

feest (het)	partytjie	[partajki]
nationale feestdag (de)	nasionale dag	[naʃionalə daχ]
feestdag (de)	openbare vakansiedag	[openbarə fakaŋsi·daχ]
herdenken (ww)	herdenk	[herdenk]
gebeurtenis (de)	gebeurtenis	[χebøərtenis]
evenement (het)	gebeurtenis	[χebøərtenis]
banket (het)	banket	[banket]
receptie (de)	onthaal	[onthãl]
feestmaal (het)	feesmaal	[feəs·mãl]
verjaardag (de)	verjaardag	[ferjãr·daχ]
jubileum (het)	jubileum	[jubiløəm]
vieren (ww)	vier	[fir]
Nieuwjaar (het)	Nuwejaar	[nuvejãr]
Gelukkig Nieuwjaar!	Voorspoedige Nuwejaar	[foərspudiχə nuvejãr]
Sinterklaas (de)	Kersvader	[kers·fadər]
Kerstfeest (het)	Kersfees	[kersfeəs]
Vrolijk kerstfeest!	Geseënde Kersfees	[χeseɛndə kersfeɛs]
kerstboom (de)	Kersboom	[kers·boəm]
vuurwerk (het)	vuurwerk	[fɪrwerk]
bruiloft (de)	bruilof	[brœilof]
bruidegom (de)	bruidegom	[brœidəχom]
bruid (de)	bruid	[brœit]
uitnodigen (ww)	uitnooi	[œitnoj]
uitnodigingskaart (de)	uitnodiging	[œitnodəχiŋ]
gast (de)	gas	[χas]
op bezoek gaan	besoek	[besuk]
gasten verwelkomen	die gaste ontmoet	[di χastə ontmut]
geschenk, cadeau (het)	present	[present]
geven (iets cadeau ~)	gee	[χeə]
geschenken ontvangen	presente ontvang	[presentə ontfaŋ]
boeket (het)	boeket	[buket]
felicitaties (mv.)	gelukwense	[χelukwɛŋsə]
feliciteren (ww)	gelukwens	[χelukwɛŋs]
wenskaart (de)	geleentheidskaartjie	[χeleenthæjts·kãrki]
toast (de)	heildronk	[hæjldronk]
aanbieden (een drankje ~)	aanbied	[ãnbit]

champagne (de)	sjampanje	[ʃampanje]
plezier hebben (ww)	jouself geniet	[jæusɛlf χenit]
plezier (het)	pret	[pret]
vreugde (de)	vreugde	[frøøχdə]

dans (de)	dans	[daŋs]
dansen (ww)	dans	[daŋs]

wals (de)	wals	[vals]
tango (de)	tango	[tanχo]

110. Begrafenissen. Begrafenis

kerkhof (het)	begraafplaas	[beχrāf·plās]
graf (het)	graf	[χraf]
kruis (het)	kruis	[krœis]
grafsteen (de)	grafsteen	[χrafsteən]
omheining (de)	heining	[hæjniŋ]
kapel (de)	kapel	[kapəl]

dood (de)	dood	[doet]
sterven (ww)	doodgaan	[doədχān]
overledene (de)	oorledene	[oərledenə]
rouw (de)	rou	[ræʊ]

begraven (ww)	begrawe	[beχravə]
begrafenisonderneming (de)	begrafnisonderneming	[beχrafnis·ondərnemiŋ]
begrafenis (de)	begrafnis	[beχrafnis]

krans (de)	krans	[kraŋs]
doodskist (de)	doodskis	[doədskis]
lijkwagen (de)	lykswa	[lajks·wa]
lijkkleed (de)	lykkleed	[lajk·kleət]

begrafenisstoet (de)	begrafnisstoet	[beχrafnis·stut]
urn (de)	urn	[urn]
crematorium (het)	krematorium	[krematorium]

overlijdensbericht (het)	doodsberig	[doəds·bereχ]
huilen (wenen)	huil	[hœil]
snikken (huilen)	snik	[snik]

111. Oorlog. Soldaten

peloton (het)	peleton	[peleton]
compagnie (de)	kompanie	[kompani]
regiment (het)	regiment	[reχiment]
leger (armee)	leër	[lɛɛr]
divisie (de)	divisie	[difisi]

sectie (de)	afdeling	[afdeliŋ]
troep (de)	leërskare	[leɛrskarə]

| soldaat (militair) | soldaat | [soldɑt] |
| officier (de) | offisier | [offisir] |

soldaat (rang)	soldaat	[soldɑt]
sergeant (de)	sersant	[sersant]
luitenant (de)	luitenant	[lœitənant]
kapitein (de)	kaptein	[kaptæjn]
majoor (de)	majoor	[majoər]
kolonel (de)	kolonel	[kolonəl]
generaal (de)	generaal	[χenerɑl]

matroos (de)	matroos	[matroəs]
kapitein (de)	kaptein	[kaptæjn]
bootsman (de)	bootsman	[boətsman]

artillerist (de)	artilleris	[artilleris]
valschermjager (de)	valskermsoldaat	[falskerm·soldɑt]
piloot (de)	piloot	[piloət]
stuurman (de)	navigator	[nafiχator]
mecanicien (de)	werktuigkundige	[verktœiχ·kundiχə]

sappeur (de)	sappeur	[sappøər]
parachutist (de)	valskermspringer	[falskerm·sprinjər]
verkenner (de)	verkenner	[ferkɛnnər]
scherpschutter (de)	skerpskut	[skerp·skut]

patrouille (de)	patrollie	[patrolli]
patrouilleren (ww)	patrolleer	[patrolleər]
wacht (de)	wag	[vaχ]

krijger (de)	vegter	[feχtər]
patriot (de)	patriot	[patriot]
held (de)	held	[hɛlt]
heldin (de)	heldin	[hɛldin]

| verrader (de) | verraaier | [ferrɑjer] |
| verraden (ww) | verraai | [ferrɑi] |

| deserteur (de) | droster | [drostər] |
| deserteren (ww) | dros | [dros] |

huurling (de)	huursoldaat	[hɪr·soldɑt]
rekruut (de)	rekruteer	[rekruteər]
vrijwilliger (de)	vrywilliger	[frajvilliχər]

gedode (de)	dooie	[doje]
gewonde (de)	gewonde	[χevondə]
krijgsgevangene (de)	krygsgevangene	[krajχs·χefanjənə]

112. Oorlog. Militaire acties. Deel 1

oorlog (de)	oorlog	[oərloχ]
oorlog voeren (ww)	oorlog voer	[oərloχ fur]
burgeroorlog (de)	burgeroorlog	[burgər·oərloχ]

achterbaks (bw)	valslik	[falslik]
oorlogsverklaring (de)	oorlogsverklaring	[oərlɔχs·ferklariŋ]
verklaren (de oorlog ~)	oorlog verklaar	[oərlɔχ ferklār]
agressie (de)	aggressie	[aχrɛssi]
aanvallen (binnenvallen)	aanval	[ānfal]
binnenvallen (ww)	binneval	[binnəfal]
invaller (de)	binnevaller	[binnəfallər]
veroveraar (de)	veroweraar	[feroverār]
verdediging (de)	verdediging	[ferdedəχiŋ]
verdedigen (je land ~)	verdedig	[ferdedəχ]
zich verdedigen (ww)	jouself verdedig	[jæusɛlf ferdedəχ]
vijand (de)	vyand	[fajant]
tegenstander (de)	teëstander	[tɛɛstandər]
vijandelijk (bn)	vyandig	[fajandəχ]
strategie (de)	strategie	[strateχi]
tactiek (de)	taktiek	[taktik]
order (de)	bevel	[befəl]
bevel (het)	bevel	[befəl]
bevelen (ww)	beveel	[befeəl]
opdracht (de)	opdrag	[opdraχ]
geheim (bn)	geheim	[χəhæjm]
slag (de)	slag	[slaχ]
veldslag (de)	veldslag	[fɛltslaχ]
strijd (de)	geveg	[χefeχ]
aanval (de)	aanval	[ānfal]
bestorming (de)	bestorming	[bestormiŋ]
bestormen (ww)	bestorm	[bestorm]
bezetting (de)	beleg	[beleχ]
aanval (de)	aanval	[ānfal]
in het offensief te gaan	tot die offensief oorgaan	[tot di offɛnsif oərχān]
terugtrekking (de)	terugtrekking	[teruχ·trɛkkiŋ]
zich terugtrekken (ww)	terugtrek	[teruχtrek]
omsingeling (de)	omsingeling	[omsinχəliŋ]
omsingelen (ww)	omsingel	[omsiŋəl]
bombardement (het)	bombardement	[bombardement]
bombarderen (ww)	bombardeer	[bombardeer]
ontploffing (de)	ontploffing	[ontploffiŋ]
schot (het)	skoot	[skoət]
schieten (het)	skiet	[skit]
mikken op (ww)	mik op	[mik op]
aanleggen (een wapen ~)	rig	[riχ]
treffen (doelwit ~)	tref	[tref]
zinken (tot zinken brengen)	sink	[sink]

| kogelgat (het) | gat | [ɣat] |
| zinken (gezonken zijn) | sink | [sink] |

front (het)	front	[front]
evacuatie (de)	evakuasie	[ɛfakuasi]
evacueren (ww)	evakueer	[ɛfakueər]

loopgraaf (de)	loopgraaf	[loəpχrāf]
prikkeldraad (de)	doringdraad	[doriŋ·drāt]
verdedigingsobstakel (het)	versperring	[fersperriŋ]
wachttoren (de)	wagtoring	[vaχ·toriŋ]

hospitaal (het)	militêre hospitaal	[militærə hospitāl]
verwonden (ww)	wond	[vont]
wond (de)	wond	[vont]
gewonde (de)	gewonde	[χevondə]
gewond raken (ww)	gewond	[χevont]
ernstig (~e wond)	ernstig	[ɛrnstəχ]

113. Oorlog. Militaire acties. Deel 2

krijgsgevangenschap (de)	gevangenskap	[χefaŋənskap]
krijgsgevangen nemen	gevange neem	[χefaŋə neəm]
krijgsgevangene zijn	in gevangenskap wees	[in χefaŋenskap veəs]
krijgsgevangen genomen worden	in gevangenskap geneem word	[in χefaŋənskap χeneəm vort]

concentratiekamp (het)	konsentrasiekamp	[kɔŋsentrasi·kamp]
krijgsgevangene (de)	krygsgevangene	[krajχs·χefaŋənə]
vluchten (ww)	ontsnap	[ontsnap]

verraden (ww)	verraai	[ferrāi]
verrader (de)	verraaier	[ferrājer]
verraad (het)	verraad	[ferrāt]

| fusilleren (executeren) | eksekuteer | [ɛksekuteər] |
| executie (de) | eksekusie | [ɛksekusi] |

uitrusting (de)	toerusting	[turustiŋ]
schouderstuk (het)	skouerstrook	[skæuer·stroək]
gasmasker (het)	gasmasker	[χas·maskər]

portofoon (de)	veldradio	[fɛlt·radio]
geheime code (de)	geheime kode	[χəhæjmə kodə]
samenzwering (de)	geheimhouding	[χəhæjm·hæudiŋ]
wachtwoord (het)	wagwoord	[vaχ·woərt]

mijn (landmijn)	landmyn	[land·majn]
ondermijnen (legden mijnen)	bemyn	[bemajn]
mijnenveld (het)	mynveld	[majn·fɛlt]

luchtalarm (het)	lugalarm	[luχ·alarm]
alarm (het)	alarm	[alarm]
signaal (het)	sienjaal	[sinjāl]

vuurpijl (de)	fakkel	[fakkel]
staf (generale ~)	hoofkwartier	[hoəf·kwartir]
verkenning (de)	verkenningstog	[fɛrkɛnniŋs·toχ]
toestand (de)	toestand	[tustant]
rapport (het)	verslag	[fɛrslaχ]
hinderlaag (de)	hinderlaag	[hindər·lāχ]
versterking (de)	versterking	[fɛrstərkiŋ]
doel (bewegend ~)	doel	[dul]
proefterrein (het)	proefterrein	[pruf·tɛrræjn]
manoeuvres (mv.)	militêre oefening	[militærə ufeniŋ]
paniek (de)	paniek	[panik]
verwoesting (de)	verwoesting	[fɛrwustiŋ]
verwoestingen (mv.)	verwoesting	[fɛrwustiŋ]
verwoesten (ww)	verwoes	[fɛrwus]
overleven (ww)	oorleef	[oərleəf]
ontwapenen (ww)	ontwapen	[ontvapen]
behandelen (een pistool ~)	hanteer	[hanteər]
Geeft acht!	Aandag!	[āndaχ!]
Op de plaats rust!	Op die plek rus!	[op di plek rus!]
heldendaad (de)	heldedaad	[hɛldə·dāt]
eed (de)	eed	[eət]
zweren (een eed doen)	sweer	[sweər]
decoratie (de)	dekorasie	[dekorasiə]
onderscheiden (een ereteken geven)	toeken	[tuken]
medaille (de)	medalje	[medalje]
orde (de)	orde	[ordə]
overwinning (de)	oorwinning	[oərwinniŋ]
verlies (het)	nederlaag	[nedərlāχ]
wapenstilstand (de)	wapenstilstand	[vapɛn·stilstant]
wimpel (vaandel)	vaandel	[fāndəl]
roem (de)	roem	[rum]
parade (de)	parade	[paradə]
marcheren (ww)	marseer	[marseər]

114. Wapens

wapens (mv.)	wapens	[vapɛns]
vuurwapens (mv.)	vuurwapens	[fɪr·vapɛns]
koude wapens (mv.)	messe	[mɛssə]
chemische wapens (mv.)	chemiese wapens	[χemisə vapɛns]
kern-, nucleair (bn)	kern-	[kern-]
kernwapens (mv.)	kernwapens	[kern·vapɛns]
bom (de)	bom	[bom]
atoombom (de)	atoombom	[atoəm·bom]

Nederlands	Afrikaans	Uitspraak
pistool (het)	pistool	[pistoəl]
geweer (het)	geweer	[xeveər]
machinepistool (het)	aanvalsgeweer	[ānvals·xeveər]
machinegeweer (het)	masjiengeweer	[maʃin·xeveər]
loop (schietbuis)	loop	[loəp]
loop (bijv. geweer met kortere ~)	loop	[loəp]
kaliber (het)	kaliber	[kalibər]
trekker (de)	sneller	[snɛllər]
korrel (de)	visier	[fisir]
magazijn (het)	magasyn	[maxasajn]
geweerkolf (de)	kolf	[kolf]
granaat (handgranaat)	handgranaat	[hand·xranāt]
explosieven (mv.)	springstof	[spriŋstof]
kogel (de)	koeël	[kuɛl]
patroon (de)	patroon	[patroən]
lading (de)	lading	[ladiŋ]
ammunitie (de)	ammunisie	[ammunisi]
bommenwerper (de)	bomwerper	[bom·werpər]
straaljager (de)	straalvegter	[strāl·fextər]
helikopter (de)	helikopter	[helikoptər]
afweergeschut (het)	lugafweer	[luxafweər]
tank (de)	tenk	[tɛnk]
kanon (tank met een ~ van 76 mm)	tenkkanon	[tɛnk·kanon]
artillerie (de)	artillerie	[artilleri]
kanon (het)	kanon	[kanon]
aanleggen (een wapen ~)	aanlê	[ānlɛ:]
projectiel (het)	projektiel	[projektil]
mortiergranaat (de)	mortierbom	[mortir·bom]
mortier (de)	mortier	[mortir]
granaatscherf (de)	skrapnel	[skrapnəl]
duikboot (de)	duikboot	[dœik·boət]
torpedo (de)	torpedo	[torpedo]
raket (de)	vuurpyl	[fɪr·pajl]
laden (geweer, kanon)	laai	[lāi]
schieten (ww)	skiet	[skit]
richten op (mikken)	rig op	[rix op]
bajonet (de)	bajonet	[bajonet]
degen (de)	rapier	[rapir]
sabel (de)	sabel	[sabəl]
speer (de)	spies	[spis]
boog (de)	boog	[boəx]
pijl (de)	pyl	[pajl]
musket (de)	musket	[musket]
kruisboog (de)	kruisboog	[krœis·boəx]

115. Oude mensen

primitief (bn)	primitief	[primitif]
voorhistorisch (bn)	prehistories	[prehistoris]
eeuwenoude (~ beschaving)	antiek	[antik]
Steentijd (de)	Steentydperk	[steən·tajtperk]
Bronstijd (de)	Bronstydperk	[brɔŋs·tajtperk]
IJstijd (de)	Ystydperk	[ajs·tajtperk]
stam (de)	stam	[stam]
menseneter (de)	mensvreter	[mɛŋs·fretər]
jager (de)	jagter	[jaχtər]
jagen (ww)	jag	[jaχ]
mammoet (de)	mammoet	[mammut]
grot (de)	grot	[χrot]
vuur (het)	vuur	[fɪr]
kampvuur (het)	kampvuur	[kampfɪr]
rotstekening (de)	rotstekening	[rots·tekəniŋ]
werkinstrument (het)	werktuig	[verktœiχ]
speer (de)	spies	[spis]
stenen bijl (de)	klipbyl	[klip·bajl]
oorlog voeren (ww)	oorlog voer	[oərloχ fur]
temmen (bijv. wolf ~)	tem	[tem]
idool (het)	afgod	[afχot]
aanbidden (ww)	aanbid	[ānbit]
bijgeloof (het)	bygeloof	[bajχəloəf]
ritueel (het)	ritueel	[ritueəl]
evolutie (de)	evolusie	[ɛfolusi]
ontwikkeling (de)	ontwikkeling	[ontwikkeliŋ]
verdwijning (de)	verdwyning	[ferdwajniŋ]
zich aanpassen (ww)	jou aanpas	[jæʊ ānpas]
archeologie (de)	argeologie	[arχeoloχi]
archeoloog (de)	argeoloog	[arχeoloəχ]
archeologisch (bn)	argeologies	[arχeoloχis]
opgravingsplaats (de)	opgravingsplek	[opχraviŋs·plek]
opgravingen (mv.)	opgrawingsplekke	[opχraviŋs·plɛkkə]
vondst (de)	vonds	[fonds]
fragment (het)	fragment	[fraχment]

116. Middeleeuwen

volk (het)	volk	[folk]
volkeren (mv.)	bevolking	[befolkiŋ]
stam (de)	stam	[stam]
stammen (mv.)	stamme	[stammə]
barbaren (mv.)	barbare	[barbarə]

Galliërs (mv.)	Galliërs	[ɣalliɛrs]
Goten (mv.)	Gote	[ɣote]
Slaven (mv.)	Slawe	[slavə]
Vikings (mv.)	Vikings	[vikiŋs]

| Romeinen (mv.) | Romeine | [romæjnə] |
| Romeins (bn) | Romeins | [romæjns] |

Byzantijnen (mv.)	Bisantyne	[bisantajnə]
Byzantium (het)	Bisantium	[bisantium]
Byzantijns (bn)	Bisantyns	[bisantajns]

keizer (bijv. Romeinse ~)	keiser	[kæjsər]
opperhoofd (het)	leier	[læjer]
machtig (bn)	magtig	[maχtəχ]
koning (de)	koning	[koniŋ]
heerser (de)	heerser	[heərsər]

ridder (de)	ridder	[riddər]
feodaal (de)	feodale heerser	[feodalə heərsər]
feodaal (bn)	feodaal	[feodāl]
vazal (de)	vasal	[fasal]

hertog (de)	hertog	[hertoχ]
graaf (de)	graaf	[χrāf]
baron (de)	baron	[baron]
bisschop (de)	biskop	[biskop]

harnas (het)	harnas	[harnas]
schild (het)	skild	[skilt]
zwaard (het)	swaard	[swārt]
vizier (het)	visier	[fisir]
maliënkolder (de)	maliehemp	[mali·hemp]

| kruistocht (de) | Kruistog | [krœis·toχ] |
| kruisvaarder (de) | kruisvaarder | [krœis·fārdər] |

gebied (bijv. bezette ~en)	gebied	[χebit]
aanvallen (binnenvallen)	aanval	[ānfal]
veroveren (ww)	verower	[ferovər]
innemen (binnenvallen)	beset	[beset]

bezetting (de)	beleg	[beleχ]
belegerd (bn)	beleërde	[beleɛrdə]
belegeren (ww)	beleër	[beleɛr]

inquisitie (de)	inkwisisie	[inkvisisi]
inquisiteur (de)	inkwisiteur	[inkvisitøːr]
foltering (de)	marteling	[martəliŋ]
wreed (bn)	wreed	[vreət]
ketter (de)	ketter	[kɛttər]
ketterij (de)	kettery	[kɛtteraj]

zeevaart (de)	seevaart	[seə·fārt]
piraat (de)	piraat, seerower	[pirāt], [seə·rovər]
piraterij (de)	piratery, seerowery	[pirateraj], [seə·roveraj]

enteren (het)	enter	[ɛntər]
buit (de)	buit	[bœit]
schatten (mv.)	skatte	[skattə]
ontdekking (de)	ontdekking	[ontɛkkiŋ]
ontdekken (bijv. nieuw land)	ontdek	[ontdek]
expeditie (de)	ekspedisie	[ɛkspedisi]
musketier (de)	musketier	[musketir]
kardinaal (de)	kardinaal	[kardinãl]
heraldiek (de)	heraldiek	[heraldik]
heraldisch (bn)	heraldies	[heraldis]

117. Leider. Baas. Autoriteiten

koning (de)	koning	[koniŋ]
koningin (de)	koningin	[koniŋin]
koninklijk (bn)	koninklik	[koninklik]
koninkrijk (het)	koninkryk	[koninkrajk]
prins (de)	prins	[prins]
prinses (de)	prinses	[prinsəs]
president (de)	president	[president]
vicepresident (de)	vise-president	[fise-president]
senator (de)	senator	[senator]
monarch (de)	monarg	[monarχ]
heerser (de)	heerser	[heərsər]
dictator (de)	diktator	[diktator]
tiran (de)	tiran	[tiran]
magnaat (de)	magnaat	[maχnãt]
directeur (de)	direkteur	[direktøər]
chef (de)	baas	[bãs]
beheerder (de)	bestuurder	[bestɪrdər]
baas (de)	baas	[bãs]
eigenaar (de)	eienaar	[æjenãr]
leider (de)	leier	[læjer]
hoofd (bijv. ~ van de delegatie)	hoof	[hoəf]
autoriteiten (mv.)	outoriteite	[æʊtoritæjtə]
superieuren (mv.)	hoofde	[hoəfdə]
gouverneur (de)	goewerneur	[χuvernøər]
consul (de)	konsul	[koŋsul]
diplomaat (de)	diplomaat	[diplomãt]
burgemeester (de)	burgermeester	[burgər·meəstər]
sheriff (de)	sheriff	[sheriff]
keizer (bijv. Romeinse ~)	keiser	[kæjsər]
tsaar (de)	tsaar	[tsãr]
farao (de)	farao	[farao]
kan (de)	kan	[kan]

118. De wet overtreden. Criminelen. Deel 1

bandiet (de)	bandiet	[bandit]
misdaad (de)	misdaad	[misdāt]
misdadiger (de)	misdadiger	[misdadiχər]
dief (de)	dief	[dif]
stelen (ww)	steel	[steəl]
stelen (de)	steel	[steəl]
diefstal (de)	diefstal	[difstal]
kidnappen (ww)	ontvoer	[ontfur]
kidnapping (de)	ontvoering	[ontfuriŋ]
kidnapper (de)	ontvoerder	[ontfurdər]
losgeld (het)	losgeld	[losχɛlt]
eisen losgeld (ww)	losgeld eis	[losχɛlt æjs]
overvallen (ww)	besteel	[bestəəl]
overval (de)	oorval	[oərfal]
overvaller (de)	boef	[buf]
afpersen (ww)	afpers	[afpers]
afperser (de)	afperser	[afpersər]
afpersing (de)	afpersing	[afpersiŋ]
vermoorden (ww)	vermoor	[fermoər]
moord (de)	moord	[moərt]
moordenaar (de)	moordenaar	[moərdenār]
schot (het)	skoot	[skoət]
neerschieten (ww)	doodskiet	[doədskit]
schieten (ww)	skiet	[skit]
schieten (het)	skietery	[skiteraj]
ongeluk (gevecht, enz.)	insident	[insident]
gevecht (het)	geveg	[χefeχ]
Help!	Help!	[hɛlp!]
slachtoffer (het)	slagoffer	[slaχoffər]
beschadigen (ww)	beskadig	[beskadəχ]
schade (de)	skade	[skadə]
lijk (het)	lyk	[lajk]
zwaar (~ misdrijf)	ernstig	[ɛrnstəχ]
aanvallen (ww)	aanval	[ānfal]
slaan (iemand ~)	slaan	[slān]
in elkaar slaan (toetakelen)	platslaan	[platslān]
ontnemen (beroven)	vat	[fat]
steken (met een mes)	doodsteek	[doədsteək]
verminken (ww)	vermink	[fermink]
verwonden (ww)	wond	[vont]
chantage (de)	afpersing	[afpersiŋ]
chanteren (ww)	afpers	[afpers]

chanteur (de)	afperser	[afpersər]
afpersing (de)	beskermingswendelary	[bɛskermiŋ·swendəlaraj]
afperser (de)	afperser	[afpersər]
gangster (de)	boef	[buf]
maffia (de)	mafia	[mafia]
kruimeldief (de)	sakkeroller	[sakkerollər]
inbreker (de)	inbreker	[inbrekər]
smokkelen (het)	smokkel	[smokkəl]
smokkelaar (de)	smokkelaar	[smokkəlār]
namaak (de)	vervalsing	[ferfalsiŋ]
namaken (ww)	verval	[ferfal]
namaak-, vals (bn)	vals	[fals]

119. De wet overtreden. Criminelen. Deel 2

verkrachting (de)	verkragting	[ferkraχtiŋ]
verkrachten (ww)	verkrag	[ferkraχ]
verkrachter (de)	verkragter	[ferkraχtər]
maniak (de)	maniak	[maniak]
prostituee (de)	prostituut	[prostitɪt]
prostitutie (de)	prostitusie	[prostitusi]
pooier (de)	pooier	[pojer]
drugsverslaafde (de)	dwelmslaaf	[dwɛlm·slāf]
drugshandelaar (de)	dwelmhandelaar	[dwɛlm·handəlār]
opblazen (ww)	opblaas	[opblās]
explosie (de)	ontploffing	[ontploffiŋ]
in brand steken (ww)	aan die brand steek	[ān di brant steek]
brandstichter (de)	brandstigter	[brant·stiχtər]
terrorisme (het)	terrorisme	[terrorismə]
terrorist (de)	terroris	[terroris]
gijzelaar (de)	gyselaar	[χajsəlār]
bedriegen (ww)	bedrieg	[bedrəχ]
bedrog (het)	bedrog	[bedroχ]
oplichter (de)	bedrieër	[bedriɛr]
omkopen (ww)	omkoop	[omkoəp]
omkoperij (de)	omkopery	[omkoperaj]
smeergeld (het)	omkoopgeld	[omkoəp·χɛlt]
vergif (het)	gif	[χif]
vergiftigen (ww)	vergiftig	[ferχiftəχ]
vergif innemen (ww)	jouself vergiftig	[jæusɛlf ferχiftəχ]
zelfmoord (de)	selfmoord	[sɛlfmoert]
zelfmoordenaar (de)	selfmoordenaar	[sɛlfmoərdenār]
bedreigen	dreig	[dræjχ]
(bijv. met een pistool)		

| bedreiging (de) | dreigement | [dræjχement] |
| aanslag (de) | aanslag | [ãŋslaχ] |

| stelen (een auto) | steel | [steəl] |
| kapen (een vliegtuig) | kaap | [kãp] |

| wraak (de) | wraak | [vrãk] |
| wreken (ww) | wreek | [vreək] |

martelen (gevangenen)	martel	[martəl]
foltering (de)	marteling	[martəliŋ]
folteren (ww)	folter	[foltər]

piraat (de)	piraat, seerower	[pirãt], [seə·rovər]
straatschender (de)	skollie	[skolli]
gewapend (bn)	gewapen	[χevapen]
geweld (het)	geweld	[χevɛlt]
onwettig (strafbaar)	onwettig	[onwɛttəχ]

| spionage (de) | spioenasie | [spiunasi] |
| spioneren (ww) | spioeneer | [spiuneər] |

120. Politie. Wet. Deel 1

| justitie (de) | justisie | [jəstisi] |
| gerechtshof (het) | geregshof | [χereχshof] |

rechter (de)	regter	[reχtər]
jury (de)	jurielede	[jurilede]
juryrechtspraak (de)	jurieregspraak	[juri·reχsprãk]
berechten (ww)	bereg	[bereχ]

advocaat (de)	advokaat	[adfokãt]
beklaagde (de)	beklaagde	[beklãχde]
beklaagdenbank (de)	beklaagdebank	[beklãχdə·bank]

| beschuldiging (de) | aanklag | [ãnklaχ] |
| beschuldigde (de) | beskuldigde | [beskuldiχde] |

vonnis (het)	vonnis	[fonnis]
veroordelen	veroordeel	[feroərdeəl]
(in een rechtszaak)		

schuldige (de)	skuldig	[skuldəχ]
straffen (ww)	straf	[straf]
bestraffing (de)	straf	[straf]

| boete (de) | boete | [butə] |
| levenslange opsluiting (de) | lewenslange gevangenisstraf | [levɛnslaŋə χefaŋenis·straf] |

doodstraf (de)	doodstraf	[doədstraf]
elektrische stoel (de)	elektriese stoel	[ɛlektrisə stul]
schavot (het)	galg	[χalχ]
executeren (ww)	eksekuteer	[ɛksekuteər]

executie (de)	eksekusie	[ɛksekusi]
gevangenis (de)	tronk	[tronk]
cel (de)	sel	[səl]

konvooi (het)	eskort	[ɛskort]
gevangenisbewaker (de)	tronkbewaarder	[tronk·bevārdər]
gedetineerde (de)	gevangene	[χefaŋənə]

| handboeien (mv.) | handboeie | [hant·bujə] |
| handboeien omdoen | in die boeie slaan | [in di buje slān] |

ontsnapping (de)	ontsnapping	[ontsnappiŋ]
ontsnappen (ww)	ontsnap	[ontsnap]
verdwijnen (ww)	verdwyn	[ferdwajn]
vrijlaten (uit de gevangenis)	vrylaat	[frajlāt]
amnestie (de)	amnestie	[amnesti]

politie (de)	polisie	[polisi]
politieagent (de)	polisieman	[polisi·man]
politiebureau (het)	polisiestasie	[polisi·stasi]
knuppel (de)	knuppel	[knuppəl]
megafoon (de)	megafoon	[meχafoən]

patrouilleerwagen (de)	patrolliemotor	[patrolli·motor]
sirene (de)	sirene	[sirenə]
de sirene aansteken	die sirene aanskakel	[di sirenə āŋskakəl]
geloei (het) van de sirene	sirenegeloei	[sirenə·χelui]

plaats delict (de)	misdaadtoneel	[misdād·toneəl]
getuige (de)	getuie	[χetœiə]
vrijheid (de)	vryheid	[frajhæjt]
handlanger (de)	medepligtige	[medə·pliχtiχə]
ontvluchten (ww)	ontvlug	[ontfluχ]
spoor (het)	spoor	[spoər]

121. Politie. Wet. Deel 2

opsporing (de)	soektog	[suktoχ]
opsporen (ww)	soek ...	[suk ...]
verdenking (de)	verdenking	[ferdɛnkiŋ]
verdacht (bn)	verdag	[ferdaχ]
aanhouden (stoppen)	teëhou	[teɛhæʋ]
tegenhouden (ww)	aanhou	[ānhæʋ]

strafzaak (de)	hofsaak	[hofsāk]
onderzoek (het)	ondersoek	[ondərsuk]
detective (de)	speurder	[spøərdər]
onderzoeksrechter (de)	speurder	[spøərdər]
versie (de)	hipotese	[hipotesə]

motief (het)	motief	[motif]
verhoor (het)	ondervraging	[ondərfraχiŋ]
ondervragen (door de politie)	ondervra	[ondərfra]
ondervragen (omstanders ~)	verhoor	[ferhoər]

controle (de)	kontroleer	[kontroleər]
razzia (de)	klopjag	[klopjaχ]
huiszoeking (de)	huissoeking	[hœis·sukiŋ]
achtervolging (de)	agtervolging	[aχtərfolχiŋ]
achtervolgen (ww)	agtervolg	[aχtərfolχ]
opsporen (ww)	opspoor	[opspoər]
arrest (het)	inhegtenisneming	[inheχtenis·nemiŋ]
arresteren (ww)	arresteer	[arresteər]
vangen, aanhouden (een dief, enz.)	vang	[faŋ]
aanhouding (de)	opsporing	[opsporiŋ]
document (het)	dokument	[dokument]
bewijs (het)	bewys	[bevajs]
bewijzen (ww)	bewys	[bevajs]
voetspoor (het)	voetspoor	[futspoər]
vingerafdrukken (mv.)	vingerafdrukke	[fiŋər·afdrukkə]
bewijs (het)	bewysstuk	[bevajs·stuk]
alibi (het)	alibi	[alibi]
onschuldig (bn)	onskuldig	[ɔŋskuldəχ]
onrecht (het)	onreg	[onreχ]
onrechtvaardig (bn)	onregverdig	[onreχferdəχ]
crimineel (bn)	krimineel	[krimineəl]
confisqueren (in beslag nemen)	in beslag neem	[in beslaχ neəm]
drug (de)	dwelm	[dwɛlm]
wapen (het)	wapen	[vapen]
ontwapenen (ww)	ontwapen	[ontvapen]
bevelen (ww)	beveel	[befeəl]
verdwijnen (ww)	verdwyn	[ferdwajn]
wet (de)	wet	[vet]
wettelijk (bn)	wettig	[vɛttəχ]
onwettelijk (bn)	onwettig	[onwɛttəχ]
verantwoordelijkheid (de)	verantwoordelikheid	[ferant·voərdelikhæjt]
verantwoordelijk (bn)	verantwoordelik	[ferant·voərdelik]

NATUUR

De Aarde. Deel 1

122. De kosmische ruimte

kosmos (de)	kosmos	[kosmos]
kosmisch (bn)	kosmies	[kosmis]
kosmische ruimte (de)	buitenste ruimte	[bœitɛŋstə rajmtə]
wereld (de)	wêreld	[værɛlt]
heelal (het)	heelal	[heəlal]
sterrenstelsel (het)	sterrestelsel	[sterrə·stɛlsəl]
ster (de)	ster	[ster]
sterrenbeeld (het)	sterrebeeld	[sterrə·beəlt]
planeet (de)	planeet	[planeət]
satelliet (de)	satelliet	[satɛllit]
meteoriet (de)	meteoriet	[meteorit]
komeet (de)	komeet	[komeət]
asteroïde (de)	asteroïed	[asteroïət]
baan (de)	baan	[bān]
draaien (om de zon, enz.)	draai	[drāi]
atmosfeer (de)	atmosfeer	[atmosfeər]
Zon (de)	die Son	[di son]
zonnestelsel (het)	sonnestelsel	[sonnə·stɛlsəl]
zonsverduistering (de)	sonsverduistering	[soŋs·ferdœisteriŋ]
Aarde (de)	die Aarde	[di ārdə]
Maan (de)	die Maan	[di mān]
Mars (de)	Mars	[mars]
Venus (de)	Venus	[fenus]
Jupiter (de)	Jupiter	[jupitər]
Saturnus (de)	Saturnus	[saturnus]
Mercurius (de)	Mercurius	[merkurius]
Uranus (de)	Uranus	[uranus]
Neptunus (de)	Neptunus	[neptunus]
Pluto (de)	Pluto	[pluto]
Melkweg (de)	Melkweg	[melk·weχ]
Grote Beer (de)	Groot Beer	[χroət beər]
Poolster (de)	Poolster	[poəl·stər]
marsmannetje (het)	marsbewoner	[mars·bevonər]
buitenaards wezen (het)	buiteaardse wese	[bœitə·ārdsə vesə]

bovenaards (het)	ruimtewese	[rœimtə·vesə]
vliegende schotel (de)	vlieënde skottel	[fliɛndə skottəl]
ruimtevaartuig (het)	ruimteskip	[rœimtə·skip]
ruimtestation (het)	ruimtestasie	[rœimtə·stasi]
start (de)	vertrek	[fertrek]
motor (de)	enjin	[ɛndʒin]
straalpijp (de)	uitlaatpyp	[œitlãt·pajp]
brandstof (de)	brandstof	[brantstof]
cabine (de)	stuurkajuit	[stɪr·kajœit]
antenne (de)	lugdraad	[luχdrãt]
patrijspoort (de)	patryspoort	[patrajs·poərt]
zonnebatterij (de)	sonpaneel	[son·paneəl]
ruimtepak (het)	ruimtepak	[rœimtə·pak]
gewichtloosheid (de)	gewigloosheid	[χeviχloəshæjt]
zuurstof (de)	suurstof	[sɪrstof]
koppeling (de)	koppeling	[koppeliŋ]
koppeling maken	koppel	[koppəl]
observatorium (het)	observatorium	[observatorium]
telescoop (de)	teleskoop	[teleskoəp]
waarnemen (ww)	waarneem	[vãrneəm]
exploreren (ww)	eksploreer	[ɛksploreər]

123. De Aarde

Aarde (de)	die Aarde	[di ãrdə]
aardbol (de)	die aardbol	[di ãrdbol]
planeet (de)	planeet	[planeət]
atmosfeer (de)	atmosfeer	[atmosfeər]
aardrijkskunde (de)	geografie	[χeoχrafi]
natuur (de)	natuur	[natɪr]
wereldbol (de)	aardbol	[ãrd·bol]
kaart (de)	kaart	[kãrt]
atlas (de)	atlas	[atlas]
Europa (het)	Europa	[øəropa]
Azië (het)	Asië	[asiɛ]
Afrika (het)	Afrika	[afrika]
Australië (het)	Australië	[oustraliɛ]
Amerika (het)	Amerika	[amerika]
Noord-Amerika (het)	Noord-Amerika	[noərd-amerika]
Zuid-Amerika (het)	Suid-Amerika	[sœid-amerika]
Antarctica (het)	Suidpool	[sœid·poəl]
Arctis (de)	Noordpool	[noərd·poəl]

124. Windrichtingen

noorden (het)	noorde	[noərdə]
naar het noorden	na die noorde	[na di noərdə]
in het noorden	in die noorde	[in di noərdə]
noordelijk (bn)	noordelik	[noərdəlik]
zuiden (het)	suide	[sœidə]
naar het zuiden	na die suide	[na di sœidə]
in het zuiden	in die suide	[in di sœidə]
zuidelijk (bn)	suidelik	[sœidəlik]
westen (het)	weste	[vestə]
naar het westen	na die weste	[na di vestə]
in het westen	in die weste	[in di vestə]
westelijk (bn)	westelik	[vestelik]
oosten (het)	ooste	[oəstə]
naar het oosten	na die ooste	[na di oəstə]
in het oosten	in die ooste	[in di oəstə]
oostelijk (bn)	oostelik	[oəstəlik]

125. Zee. Oceaan

zee (de)	see	[seə]
oceaan (de)	oseaan	[oseãn]
golf (baai)	golf	[χolf]
straat (de)	straat	[strãt]
grond (vaste grond)	land	[lant]
continent (het)	kontinent	[kontinent]
eiland (het)	eiland	[æjlant]
schiereiland (het)	skiereiland	[skir·æjlant]
archipel (de)	argipel	[arχipəl]
baai, bocht (de)	baai	[bãi]
haven (de)	hawe	[havə]
lagune (de)	strandmeer	[strand·meər]
kaap (de)	kaap	[kãp]
atol (de)	atol	[atol]
rif (het)	rif	[rif]
koraal (het)	koraal	[korãl]
koraalrif (het)	koraalrif	[korãl·rif]
diep (bn)	diep	[dip]
diepte (de)	diepte	[diptə]
diepzee (de)	afgrond	[afχront]
trog (bijv. Marianentrog)	trog	[troχ]
stroming (de)	stroming	[stromiŋ]
omspoelen (ww)	omring	[omriŋ]

| oever (de) | oewer | [uvər] |
| kust (de) | kus | [kus] |

vloed (de)	hoogwater	[hoəχ·vatər]
eb (de)	laagwater	[lāχ·vatər]
ondiepte (ondiep water)	sandbank	[sand·bank]
bodem (de)	bodem	[bodem]

golf (hoge ~)	golf	[χolf]
golfkam (de)	kruin	[krœin]
schuim (het)	skuim	[skœim]

storm (de)	storm	[storm]
orkaan (de)	orkaan	[orkān]
tsunami (de)	tsunami	[tsunami]
windstilte (de)	windstilte	[vindstiltə]
kalm (bijv. ~e zee)	kalm	[kalm]

| pool (de) | pool | [poəl] |
| polair (bn) | polêr | [polær] |

breedtegraad (de)	breedtegraad	[breədtə·χrāt]
lengtegraad (de)	lengtegraad	[leŋtə·χrāt]
parallel (de)	parallel	[parallel]
evenaar (de)	ewenaar	[ɛvenār]

hemel (de)	hemel	[heməl]
horizon (de)	horison	[horison]
lucht (de)	lug	[luχ]

vuurtoren (de)	vuurtoring	[fɪrtoriŋ]
duiken (ww)	duik	[dœik]
zinken (ov. een boot)	sink	[sink]
schatten (mv.)	skatte	[skattə]

126. Namen van zeeën en oceanen

Atlantische Oceaan (de)	Atlantiese oseaan	[atlantisə oseān]
Indische Oceaan (de)	Indiese Oseaan	[indisə oseān]
Stille Oceaan (de)	Stille Oseaan	[stillə oseān]
Noordelijke IJszee (de)	Noordelike Yssee	[noərdelikə ajs·seə]

Zwarte Zee (de)	Swart See	[swart seə]
Rode Zee (de)	Rooi See	[roj seə]
Gele Zee (de)	Geel See	[χeəl seə]
Witte Zee (de)	Witsee	[vit·seə]

Kaspische Zee (de)	Kaspiese See	[kaspisə seə]
Dode Zee (de)	Dooie See	[dojə seə]
Middellandse Zee (de)	Middellandse See	[middəllandsə seə]

Egeïsche Zee (de)	Egeïese See	[ɛχejesə seə]
Adriatische Zee (de)	Adriatiese See	[adriatisə seə]
Arabische Zee (de)	Arabiese See	[arabisə seə]

Japanse Zee (de)	**Japanse See**	[japaŋsə see]
Beringzee (de)	**Beringsee**	[beriŋ·see]
Zuid-Chinese Zee (de)	**Suid-Sjinese See**	[sœid-ʃinesə see]
Koraalzee (de)	**Koraalsee**	[korāl·see]
Tasmanzee (de)	**Tasmansee**	[tasmaŋ·see]
Caribische Zee (de)	**Karibiese See**	[karibisə see]
Barentszzee (de)	**Barentssee**	[barents·see]
Karische Zee (de)	**Karasee**	[kara·see]
Noordzee (de)	**Noordsee**	[noərd·see]
Baltische Zee (de)	**Baltiese See**	[baltisə see]
Noorse Zee (de)	**Noorse See**	[noərsə see]

127. Bergen

berg (de)	**berg**	[berχ]
bergketen (de)	**bergreeks**	[berχ·reəks]
gebergte (het)	**bergrug**	[berχ·ruχ]
bergtop (de)	**top**	[top]
bergpiek (de)	**piek**	[pik]
voet (ov. de berg)	**voet**	[fut]
helling (de)	**helling**	[hɛlliŋ]
vulkaan (de)	**vulkaan**	[fulkān]
actieve vulkaan (de)	**aktiewe vulkaan**	[aktivə fulkān]
uitgedoofde vulkaan (de)	**rustende vulkaan**	[rustendə fulkān]
uitbarsting (de)	**uitbarsting**	[œitbarstiŋ]
krater (de)	**krater**	[kratər]
magma (het)	**magma**	[maχma]
lava (de)	**lawa**	[lava]
gloeiend (~e lava)	**gloeiende**	[χlujendə]
kloof (canyon)	**diepkloof**	[dip·kloəf]
bergkloof (de)	**kloof**	[kloəf]
spleet (de)	**skeur**	[skøər]
afgrond (de)	**afgrond**	[afχront]
bergpas (de)	**bergpas**	[berχ·pas]
plateau (het)	**plato**	[plato]
klip (de)	**krans**	[kraŋs]
heuvel (de)	**kop**	[kop]
gletsjer (de)	**gletser**	[χletsər]
waterval (de)	**waterval**	[vatər·fal]
geiser (de)	**geiser**	[χæjsər]
meer (het)	**meer**	[meər]
vlakte (de)	**vlakte**	[flaktə]
landschap (het)	**landskap**	[landskap]
echo (de)	**eggo**	[ɛχχo]

alpinist (de)	alpinis	[alpinis]
bergbeklimmer (de)	bergklimmer	[berχ·klimmər]
trotseren (berg ~)	baasraak	[bāsrāk]
beklimming (de)	beklimming	[beklimmiŋ]

128. Bergen namen

Alpen (de)	die Alpe	[di alpə]
Mont Blanc (de)	Mont Blanc	[mon blan]
Pyreneeën (de)	die Pireneë	[di pirenɛɛ]
Karpaten (de)	die Karpate	[di karpatə]
Oeralgebergte (het)	die Oeralgebergte	[di ural·χəberχtə]
Kaukasus (de)	die Koukasus Gebergte	[di kæʊkasus χəberχtə]
Elbroes (de)	Elbroes	[ɛlbrus]
Altaj (de)	die Altai-gebergte	[di altaj-χəberχtə]
Tiensjan (de)	die Tian Shan	[di tian ʃan]
Pamir (de)	die Pamir	[di pamir]
Himalaya (de)	die Himalajas	[di himalajas]
Everest (de)	Everest	[ɛverest]
Andes (de)	die Andes	[di andes]
Kilimanjaro (de)	Kilimanjaro	[kilimanʤaro]

129. Rivieren

rivier (de)	rivier	[rifir]
bron (~ van een rivier)	bron	[bron]
rivierbedding (de)	rivierbed	[rifir·bet]
rivierbekken (het)	stroomgebied	[stroəm·χebit]
uitmonden in ...	uitmond in ...	[œitmont in ...]
zijrivier (de)	syrivier	[saj·rifir]
oever (de)	oewer	[uvər]
stroming (de)	stroming	[stromiŋ]
stroomafwaarts (bw)	stroomafwaarts	[stroəm·afvārts]
stroomopwaarts (bw)	stroomopwaarts	[stroəm·opvārts]
overstroming (de)	oorstroming	[oərstromiŋ]
overstroming (de)	oorstroming	[oərstromiŋ]
buiten zijn oevers treden	oor sy walle loop	[oər saj vallə loəp]
overstromen (ww)	oorstroom	[oərstroəm]
zandbank (de)	sandbank	[sand·bank]
stroomversnelling (de)	stroomversnellings	[stroəm·fersnɛlliŋs]
dam (de)	damwal	[dam·wal]
kanaal (het)	kanaal	[kanāl]
spaarbekken (het)	opgaardam	[opχār·dam]
sluis (de)	sluis	[slœis]

waterlichaam (het)	dam	[dam]
moeras (het)	moeras	[muras]
broek (het)	vlei	[flæj]
draaikolk (de)	draaikolk	[drāj·kolk]
stroom (de)	spruit	[sprœit]
drink- (abn)	drink-	[drink-]
zoet (~ water)	vars	[fars]
ijs (het)	ys	[ajs]
bevriezen (rivier, enz.)	bevries	[befris]

130. Namen van rivieren

Seine (de)	Seine	[sæjn]
Loire (de)	Loire	[lua:r]
Theems (de)	Teems	[tems]
Rijn (de)	Ryn	[rajn]
Donau (de)	Donau	[donɔu]
Wolga (de)	Wolga	[volga]
Don (de)	Don	[don]
Lena (de)	Lena	[lena]
Gele Rivier (de)	Geel Rivier	[χeəl rifir]
Blauwe Rivier (de)	Blou Rivier	[blæʊ rifir]
Mekong (de)	Mekong	[mekoŋ]
Ganges (de)	Ganges	[χaŋəs]
Nijl (de)	Nyl	[najl]
Kongo (de)	Kongorivier	[kongo·rifir]
Okavango (de)	Okavango	[okavango]
Zambezi (de)	Zambezi	[sambesi]
Limpopo (de)	Limpopo	[limpopo]
Mississippi (de)	Mississippi	[mississippi]

131. Bos

bos (het)	bos	[bos]
bos- (abn)	bos-	[bos-]
oerwoud (dicht bos)	woud	[væʊt]
bosje (klein bos)	boord	[boərt]
open plek (de)	oopte	[oəptə]
struikgewas (het)	struikgewas	[strœik·χevas]
struiken (mv.)	struikveld	[strœik·fɛlt]
paadje (het)	paadjie	[pādʒi]
ravijn (het)	donga	[donχa]
boom (de)	boom	[boəm]

blad (het)	blaar	[blār]
gebladerte (het)	blare	[blarə]
vallende bladeren (mv.)	val van die blare	[fal fan di blarə]
vallen (ov. de bladeren)	val	[fal]
boomtop (de)	boomtop	[boəm·top]
tak (de)	tak	[tak]
ent (de)	tak	[tak]
knop (de)	knop	[knop]
naald (de)	naald	[nālt]
dennenappel (de)	dennebol	[dɛnnə·bol]
boom holte (de)	holte	[holtə]
nest (het)	nes	[nes]
hol (het)	gat	[χat]
stam (de)	stam	[stam]
wortel (bijv. boom~s)	wortel	[vortəl]
schors (de)	bas	[bas]
mos (het)	mos	[mos]
ontwortelen (een boom)	ontwortel	[ontwortəl]
kappen (een boom ~)	omkap	[omkap]
ontbossen (ww)	ontbos	[ontbos]
stronk (de)	boomstomp	[boəm·stomp]
kampvuur (het)	kampvuur	[kampfɪr]
bosbrand (de)	bosbrand	[bos·brant]
blussen (ww)	blus	[blus]
boswachter (de)	boswagter	[bos·waχtər]
bescherming (de)	beskerming	[beskermiŋ]
beschermen (bijv. de natuur ~)	beskerm	[beskerm]
stroper (de)	wildstroper	[vilt·stropər]
val (de)	slagyster	[slaχ·ajstər]
plukken (vruchten, enz.)	pluk	[pluk]
verdwalen (de weg kwijt zijn)	verdwaal	[ferdwāl]

132. Natuurlijke hulpbronnen

natuurlijke rijkdommen (mv.)	natuurlike bronne	[natɪrlikə bronnə]
delfstoffen (mv.)	minerale	[mineralə]
lagen (mv.)	lae	[laə]
veld (bijv. olie~)	veld	[fɛlt]
winnen (uit erts ~)	myn	[majn]
winning (de)	myn	[majn]
erts (het)	erts	[ɛrts]
mijn (bijv. kolenmijn)	myn	[majn]
mijnschacht (de)	mynskag	[majn·skaχ]
mijnwerker (de)	mynwerker	[majn·werkər]

gas (het)	**gas**	[χas]
gasleiding (de)	**gaspyp**	[χas·pajp]
olie (aardolie)	**olie**	[oli]
olieleiding (de)	**olipypleiding**	[oli·pajp·læjdiŋ]
oliebron (de)	**oliebron**	[oli·bron]
boortoren (de)	**boortoring**	[boər·toriŋ]
tanker (de)	**tenkskip**	[tɛnk·skip]
zand (het)	**sand**	[sant]
kalksteen (de)	**kalksteen**	[kalksteən]
grind (het)	**gruis**	[χrœis]
veen (het)	**veengrond**	[feənχront]
klei (de)	**klei**	[klæj]
steenkool (de)	**steenkool**	[steən·koəl]
ijzer (het)	**yster**	[ajstər]
goud (het)	**goud**	[χæʊt]
zilver (het)	**silwer**	[silwər]
nikkel (het)	**nikkel**	[nikkəl]
koper (het)	**koper**	[kopər]
zink (het)	**sink**	[sink]
mangaan (het)	**mangaan**	[manχãn]
kwik (het)	**kwik**	[kwik]
lood (het)	**lood**	[loət]
mineraal (het)	**mineraal**	[minerãl]
kristal (het)	**kristal**	[kristal]
marmer (het)	**marmer**	[marmər]
uraan (het)	**uraan**	[urãn]

De Aarde. Deel 2

133. Weer

Nederlands	Afrikaans	Uitspraak
weer (het)	weer	[veər]
weersvoorspelling (de)	weersvoorspelling	[veərs·foərspɛlliŋ]
temperatuur (de)	temperatuur	[temperatɪr]
thermometer (de)	termometer	[termometər]
barometer (de)	barometer	[barometər]
vochtig (bn)	klam	[klam]
vochtigheid (de)	vogtigheid	[foχtiχæjt]
hitte (de)	hitte	[hittə]
heet (bn)	heet	[heət]
het is heet	dis vrekwarm	[dis frekvarm]
het is warm	dit is warm	[dit is varm]
warm (bn)	louwarm	[læʊvarm]
het is koud	dis koud	[dis kæʊt]
koud (bn)	koud	[kæʊt]
zon (de)	son	[son]
schijnen (de zon)	skyn	[skajn]
zonnig (~e dag)	sonnig	[sonnəχ]
opgaan (ov. de zon)	opkom	[opkom]
ondergaan (ww)	ondergaan	[ondərχān]
wolk (de)	wolk	[volk]
bewolkt (bn)	bewolk	[bevolk]
regenwolk (de)	reënwolk	[reɛn·wolk]
somber (bn)	somber	[sombər]
regen (de)	reën	[reɛn]
het regent	dit reën	[dit reɛn]
regenachtig (bn)	reënerig	[reɛnerəχ]
motregenen (ww)	motreën	[motreɛn]
plensbui (de)	stortbui	[stortbœi]
stortbui (de)	reënvlaag	[reɛn·flāχ]
hard (bn)	swaar	[swār]
plas (de)	poeletjie	[puləki]
nat worden (ww)	nat word	[nat vort]
mist (de)	mis	[mis]
mistig (bn)	mistig	[mistəχ]
sneeuw (de)	sneeu	[sniʊ]
het sneeuwt	dit sneeu	[dit sniʊ]

134. Zwaar weer. Natuurrampen

noodweer (storm)	donderstorm	[dondər·storm]
bliksem (de)	weerlig	[veərləχ]
flitsen (ww)	flits	[flits]
donder (de)	donder	[dondər]
donderen (ww)	donder	[dondər]
het dondert	dit donder	[dit dondər]
hagel (de)	hael	[haəl]
het hagelt	dit hael	[dit haəl]
overstromen (ww)	oorstroom	[oərstroəm]
overstroming (de)	oorstroming	[oərstromiŋ]
aardbeving (de)	aardbewing	[ārd·beviŋ]
aardschok (de)	aardskok	[ārd·skok]
epicentrum (het)	episentrum	[ɛpisentrum]
uitbarsting (de)	uitbarsting	[œitbarstiŋ]
lava (de)	lawa	[lava]
wervelwind (de)	tornado	[tornado]
windhoos (de)	tornado	[tornado]
tyfoon (de)	tifoon	[tifoən]
orkaan (de)	orkaan	[orkān]
storm (de)	storm	[storm]
tsunami (de)	tsunami	[tsunami]
cycloon (de)	sikloon	[sikloən]
onweer (het)	slegte weer	[slɛχtə veər]
brand (de)	brand	[brant]
ramp (de)	ramp	[ramp]
meteoriet (de)	meteoriet	[meteorit]
lawine (de)	lawine	[lavinə]
sneeuwverschuiving (de)	sneeulawine	[sniʊ·lavinə]
sneeuwjacht (de)	sneeustorm	[sniʊ·storm]
sneeuwstorm (de)	sneeustorm	[sniʊ·storm]

Fauna

135. Zoogdieren. Roofdieren

roofdier (het)	roofdier	[roef·dir]
tijger (de)	tier	[tir]
leeuw (de)	leeu	[liʊ]
wolf (de)	wolf	[volf]
vos (de)	vos	[fos]
jaguar (de)	jaguar	[jaχuar]
luipaard (de)	luiperd	[lœipert]
jachtluipaard (de)	jagluiperd	[jaχ·lœipert]
panter (de)	swart luiperd	[swart lœipert]
poema (de)	poema	[puma]
sneeuwluipaard (de)	sneeuluiperd	[sniʊ·lœipert]
lynx (de)	los	[los]
coyote (de)	prêriewolf	[præri·volf]
jakhals (de)	jakkals	[jakkals]
hyena (de)	hiëna	[hiɛna]

136. Wilde dieren

dier (het)	dier	[dir]
beest (het)	beest	[beəst]
eekhoorn (de)	eekhoring	[eəkhoriŋ]
egel (de)	krimpvarkie	[krimpfarki]
haas (de)	hasie	[hasi]
konijn (het)	konyn	[konajn]
das (de)	das	[das]
wasbeer (de)	wasbeer	[vasbeər]
hamster (de)	hamster	[hamstər]
marmot (de)	marmot	[marmot]
mol (de)	mol	[mol]
muis (de)	muis	[mœis]
rat (de)	rot	[rot]
vleermuis (de)	vlermuis	[fler·mœis]
hermelijn (de)	hermelyn	[hermələjn]
sabeldier (het)	sabel, sabeldier	[sabəl], [sabəl·dir]
marter (de)	marter	[martər]
wezel (de)	wesel	[vesəl]
nerts (de)	nerts	[nerts]

bever (de)	bewer	[bevər]
otter (de)	otter	[ottər]
paard (het)	perd	[pert]
eland (de)	eland	[ɛlant]
hert (het)	hert	[hert]
kameel (de)	kameel	[kameəl]
bizon (de)	bison	[bison]
oeros (de)	wisent	[visent]
buffel (de)	buffel	[buffəl]
zebra (de)	sebra, kwagga	[sebra], [kwaχχa]
antilope (de)	wildsbok	[vilds·bok]
ree (de)	reebok	[reəbok]
damhert (het)	damhert	[damhert]
gems (de)	gems	[χems]
everzwijn (het)	wildevark	[vildə·fark]
walvis (de)	walvis	[valfis]
rob (de)	seehond	[see·hont]
walrus (de)	walrus	[valrus]
zeehond (de)	seebeer	[see·beər]
dolfijn (de)	dolfyn	[dolfajn]
beer (de)	beer	[beər]
ijsbeer (de)	ysbeer	[ajs·beər]
panda (de)	panda	[panda]
aap (de)	aap	[āp]
chimpansee (de)	sjimpansee	[ʃimpaŋseə]
orang-oetan (de)	orangoetang	[oranχutaŋ]
gorilla (de)	gorilla	[χorilla]
makaak (de)	makaak	[makāk]
gibbon (de)	gibbon	[χibbon]
olifant (de)	olifant	[olifant]
neushoorn (de)	renoster	[renostər]
giraffe (de)	kameelperd	[kameəl·pert]
nijlpaard (het)	seekoei	[see·kui]
kangoeroe (de)	kangaroe	[kanχaru]
koala (de)	koala	[koala]
mangoest (de)	muishond	[mœis·hont]
chinchilla (de)	chinchilla, tjintjilla	[tʃin·tʃila]
stinkdier (het)	stinkmuishond	[stinkmœis·hont]
stekelvarken (het)	ystervark	[ajstər·fark]

137. Huisdieren

poes (de)	kat	[kat]
kater (de)	kater	[katər]
hond (de)	hond	[hont]

paard (het)	perd	[pert]
hengst (de)	hings	[hiŋs]
merrie (de)	merrie	[merri]
koe (de)	koei	[kui]
stier (de)	bul	[bul]
os (de)	os	[os]
schaap (het)	skaap	[skãp]
ram (de)	ram	[ram]
geit (de)	bok	[bok]
bok (de)	bokram	[bok·ram]
ezel (de)	donkie, esel	[donki], [eisəl]
muilezel (de)	muil	[mœil]
varken (het)	vark	[fark]
biggetje (het)	varkie	[farki]
konijn (het)	konyn	[konajn]
kip (de)	hoender, hen	[hundər], [hen]
haan (de)	haan	[hãn]
eend (de)	eend	[eent]
woerd (de)	mannetjieseend	[mannəkis·eent]
gans (de)	gans	[χaŋs]
kalkoen haan (de)	kalkoenmannetjie	[kalkun·mannəki]
kalkoen (de)	kalkoen	[kalkun]
huisdieren (mv.)	huisdiere	[hœis·dirə]
tam (bijv. hamster)	mak	[mak]
temmen (tam maken)	mak maak	[mak mãk]
fokken (bijv. paarden ~)	teel	[teəl]
boerderij (de)	plaas	[plãs]
gevogelte (het)	pluimvee	[plœimfeə]
rundvee (het)	beeste	[beəstə]
kudde (de)	kudde	[kuddə]
paardenstal (de)	stal	[stal]
zwijnenstal (de)	varkstal	[fark·stal]
koeienstal (de)	koeistal	[kui·stal]
konijnenhok (het)	konynehok	[konajnə·hok]
kippenhok (het)	hoenderhok	[hundər·hok]

138. Vogels

vogel (de)	voël	[foɛl]
duif (de)	duif	[dœif]
mus (de)	mossie	[mossi]
koolmees (de)	mees	[meəs]
ekster (de)	ekster	[ɛkstər]
raaf (de)	raaf	[rãf]

Nederlands	Afrikaans	Uitspraak
kraai (de)	kraai	[krãi]
kauw (de)	kerkkraai	[kerk·krãi]
roek (de)	roek	[ruk]
eend (de)	eend	[eent]
gans (de)	gans	[χaŋs]
fazant (de)	fisant	[fisant]
arend (de)	arend	[arɛnt]
havik (de)	sperwer	[sperwər]
valk (de)	valk	[falk]
gier (de)	aasvoël	[āsfoɛl]
condor (de)	kondor	[kondor]
zwaan (de)	swaan	[swãn]
kraanvogel (de)	kraanvoël	[krãn·foɛl]
ooievaar (de)	ooievaar	[ojefãr]
papegaai (de)	papegaai	[papəχãi]
kolibrie (de)	kolibrie	[kolibri]
pauw (de)	pou	[pæʊ]
struisvogel (de)	volstruis	[folstrœis]
reiger (de)	reier	[ræjer]
flamingo (de)	flamink	[flamink]
pelikaan (de)	pelikaan	[pelikãn]
nachtegaal (de)	nagtegaal	[naχteχãl]
zwaluw (de)	swael	[swaəl]
lijster (de)	lyster	[lajstər]
zanglijster (de)	sanglyster	[saŋlajstər]
merel (de)	merel	[merəl]
gierzwaluw (de)	windswael	[vindswaəl]
leeuwerik (de)	lewerik	[leverik]
kwartel (de)	kwartel	[kwartəl]
specht (de)	speg	[speχ]
koekoek (de)	koekoek	[kukuk]
uil (de)	uil	[œil]
oehoe (de)	ooruil	[oərœil]
auerhoen (het)	auerhoen	[ɔuer·hun]
korhoen (het)	korhoen	[korhun]
patrijs (de)	patrys	[patrajs]
spreeuw (de)	spreeu	[spriʊ]
kanarie (de)	kanarie	[kanari]
hazelhoen (het)	bonasa hoen	[bonasa hun]
vink (de)	gryskoppie	[χrajskoppi]
goudvink (de)	bloedvink	[bludfink]
meeuw (de)	seemeeu	[seəmiʊ]
albatros (de)	albatros	[albatros]
pinguïn (de)	pikkewyn	[pikkəvajn]

139. Vis. Zeedieren

brasem (de)	brasem	[brasem]
karper (de)	karp	[karp]
baars (de)	baars	[bɑ̄rs]
meerval (de)	katvis, seebaber	[katfis], [seə·babər]
snoek (de)	snoek	[snuk]

zalm (de)	salm	[salm]
steur (de)	steur	[støər]

haring (de)	haring	[hariŋ]
atlantische zalm (de)	atlantiese salm	[atlantisə salm]
makreel (de)	makriel	[makril]
platvis (de)	platvis	[platfis]

snoekbaars (de)	varswatersnoek	[farswatər·snuk]
kabeljauw (de)	kabeljou	[kabeljæʊ]
tonijn (de)	tuna	[tuna]
forel (de)	forel	[forəl]

paling (de)	paling	[paliŋ]
sidderrog (de)	drilvis	[drilfis]
murene (de)	bontpaling	[bontpaliŋ]
piranha (de)	piranha	[piranha]

haai (de)	haai	[hāi]
dolfijn (de)	dolfyn	[dolfajn]
walvis (de)	walvis	[valfis]

krab (de)	krap	[krap]
kwal (de)	jellievis	[jelli·fis]
octopus (de)	seekat	[seə·kat]

zeester (de)	seester	[seə·stər]
zee-egel (de)	see-egel, seekastaiing	[seə-eχel], [seə·kastajiŋ]
zeepaardje (het)	seeperdjie	[seə·perdʒi]

oester (de)	oester	[ustər]
garnaal (de)	garnaal	[χarnāl]
kreeft (de)	kreef	[kreəf]
langoest (de)	seekreef	[seə·kreəf]

140. Amfibieën. Reptielen

slang (de)	slang	[slaŋ]
giftig (slang)	giftig	[χiftəχ]

adder (de)	adder	[addər]
cobra (de)	kobra	[kobra]
python (de)	luislang	[lœislaŋ]
boa (de)	boa, konstriktorslang	[boa], [kɔŋstriktor·slaŋ]
ringslang (de)	ringslang	[riŋ·slaŋ]

ratelslang (de)	ratelslang	[ratəl·slaŋ]
anaconda (de)	anakonda	[anakonda]
hagedis (de)	akkedis	[akkedis]
leguaan (de)	leguaan	[leχuān]
varaan (de)	likkewaan	[likkevān]
salamander (de)	salamander	[salamandər]
kameleon (de)	verkleurmannetjie	[ferkløər·manneki]
schorpioen (de)	skerpioen	[skerpiun]
schildpad (de)	skilpad	[skilpat]
kikker (de)	padda	[padda]
pad (de)	brulpadda	[brul·padda]
krokodil (de)	krokodil	[krokodil]

141. Insecten

insect (het)	insek	[insek]
vlinder (de)	skoenlapper	[skunlappər]
mier (de)	mier	[mir]
vlieg (de)	vlieg	[fliχ]
mug (de)	muskiet	[muskit]
kever (de)	kewer	[kevər]
wesp (de)	perdeby	[perdə·baj]
bij (de)	by	[baj]
hommel (de)	hommelby	[hommәl·baj]
horzel (de)	perdevlieg	[perdə·fliχ]
spin (de)	spinnekop	[spinnə·kop]
spinnenweb (het)	spinnerak	[spinnə·rak]
libel (de)	naaldekoker	[nāldə·kokər]
sprinkhaan (de)	sprinkaan	[sprinkān]
nachtvlinder (de)	mot	[mot]
kakkerlak (de)	kakkerlak	[kakkerlak]
teek (de)	bosluis	[boslœis]
vlo (de)	vlooi	[floj]
kriebelmug (de)	muggie	[muχχi]
treksprinkhaan (de)	treksprinkhaan	[trek·sprinkhān]
slak (de)	slak	[slak]
krekel (de)	kriek	[krik]
glimworm (de)	vuurvliegie	[fɪrfliχi]
lieveheersbeestje (het)	lieweheersbesie	[liveheers·besi]
meikever (de)	lentekewer	[lentekevər]
bloedzuiger (de)	bloedsuier	[blud·sœiər]
rups (de)	ruspe	[ruspə]
aardworm (de)	erdwurm	[ɛrd·vurm]
larve (de)	larwe	[larvə]

Flora

142. Bomen

boom (de)	boom	[boəm]
loof- (abn)	bladwisselend	[bladwisselent]
dennen- (abn)	kegeldraend	[keχɛldraent]
groenblijvend (bn)	immergroen	[immərχrun]
appelboom (de)	appelboom	[appɛl·boəm]
perenboom (de)	peerboom	[peər·boəm]
kers (de)	kersieboom	[kersi·boəm]
zoete kers (de)	soetkersieboom	[sutkersi·boəm]
zure kers (de)	suurkersieboom	[sɪrkersi·boəm]
pruimelaar (de)	pruimeboom	[prœimə·boəm]
berk (de)	berk	[berk]
eik (de)	eik	[æjk]
linde (de)	lindeboom	[lində·boəm]
esp (de)	trilpopulier	[trilpopulir]
esdoorn (de)	esdoring	[ɛsdoriŋ]
spar (de)	spar	[spar]
den (de)	denneboom	[dɛnnə·boəm]
lariks (de)	lorkeboom	[lorkə·boəm]
zilverspar (de)	den	[den]
ceder (de)	seder	[sedər]
populier (de)	populier	[populir]
lijsterbes (de)	lysterbessie	[lajstərbɛssi]
wilg (de)	wilger	[vilχər]
els (de)	els	[ɛls]
beuk (de)	beuk	[bøək]
iep (de)	olm	[olm]
es (de)	esboom	[ɛs·boəm]
kastanje (de)	kastaiing	[kastajiŋ]
magnolia (de)	magnolia	[maχnolia]
palm (de)	palm	[palm]
cipres (de)	sipres	[sipres]
mangrove (de)	wortelboom	[vortəl·boəm]
baobab (apenbroodboom)	kremetart	[kremetart]
eucalyptus (de)	bloekom	[blukom]
mammoetboom (de)	mammoetboom	[mammut·boəm]

143. Heesters

struik (de)	struik	[strœik]
heester (de)	bossie	[bossi]
wijnstok (de)	wingerdstok	[viŋərd·stok]
wijngaard (de)	wingerd	[viŋərt]
frambozenstruik (de)	framboosstruik	[framboəs·strœik]
zwarte bes (de)	swartbessiestruik	[swartbɛssi·strœik]
rode bessenstruik (de)	rooi aalbessiestruik	[roj ālbɛssi·strœik]
kruisbessenstruik (de)	appelliefiestruik	[appɛllifi·strœik]
acacia (de)	akasia	[akasia]
zuurbes (de)	suurbessie	[sɪr·bɛssi]
jasmijn (de)	jasmyn	[jasmajn]
jeneverbes (de)	jenewer	[jenevər]
rozenstruik (de)	roosstruik	[roəs·strœik]
hondsroos (de)	hondsroos	[honds·roəs]

144. Vruchten. Bessen

vrucht (de)	vrug	[fruχ]
vruchten (mv.)	vrugte	[fruχtə]
appel (de)	appel	[appəl]
peer (de)	peer	[peər]
pruim (de)	pruim	[prœim]
aardbei (de)	aarbei	[ārbæj]
kers (de)	kersie	[kersi]
zure kers (de)	suurkersie	[sɪr·kersi]
zoete kers (de)	soetkersie	[sut·kersi]
druif (de)	druif	[drœif]
framboos (de)	framboos	[framboəs]
zwarte bes (de)	swartbessie	[swartbɛssi]
rode bes (de)	rooi aalbessie	[roj ālbɛssi]
kruisbes (de)	appelliefie	[appɛllifi]
veenbes (de)	bosbessie	[bosbɛssi]
sinaasappel (de)	lemoen	[lemun]
mandarijn (de)	nartjie	[narki]
ananas (de)	pynappel	[pajnappəl]
banaan (de)	piesang	[pisaŋ]
dadel (de)	dadel	[dadəl]
citroen (de)	suurlemoen	[sɪr·lemun]
abrikoos (de)	appelkoos	[appɛlkoəs]
perzik (de)	perske	[perskə]
kiwi (de)	kiwi, kiwivrug	[kivi], [kivi·fruχ]
grapefruit (de)	pomelo	[pomelo]

bes (de)	bessie	[bɛssi]
bessen (mv.)	bessies	[bɛssis]
vossenbes (de)	pryselbessie	[prajsɛlbɛssi]
bosaardbei (de)	wilde aarbei	[vildə ārbæj]
bosbes (de)	bloubessie	[blæʊbɛssi]

145. Bloemen. Planten

| bloem (de) | blom | [blom] |
| boeket (het) | boeket | [buket] |

roos (de)	roos	[roəs]
tulp (de)	tulp	[tulp]
anjer (de)	angelier	[anχəlir]
gladiool (de)	swaardlelie	[swārd·leli]

korenbloem (de)	koringblom	[koriŋblom]
klokje (het)	grasklokkie	[χras·klokki]
paardenbloem (de)	perdeblom	[perdə·blom]
kamille (de)	kamille	[kamillə]

aloë (de)	aalwyn	[ālwajn]
cactus (de)	kaktus	[kaktus]
ficus (de)	rubberplant	[rubbər·plant]

lelie (de)	lelie	[leli]
geranium (de)	malva	[malfa]
hyacint (de)	hiasint	[hiasint]

mimosa (de)	mimosa	[mimosa]
narcis (de)	narsing	[narsiŋ]
Oostindische kers (de)	kappertjie	[kapperki]

orchidee (de)	orgidee	[orχideə]
pioenroos (de)	pinksterroos	[pinkstər·roəs]
viooltje (het)	viooltjie	[fioəlki]

driekleurig viooltje (het)	gesiggie	[χesiχi]
vergeet-mij-nietje (het)	vergeet-my-nietjie	[ferχeət-maj-niki]
madeliefje (het)	madeliefie	[madelifi]

papaver (de)	papawer	[papavər]
hennep (de)	hennep	[hɛnnəp]
munt (de)	kruisement	[krœisəment]

| lelietje-van-dalen (het) | dallelie | [dalleli] |
| sneeuwklokje (het) | sneeuklokkie | [sniʊ·klokki] |

brandnetel (de)	brandnetel	[brant·netəl]
veldzuring (de)	veldsuring	[fɛltsuriŋ]
waterlelie (de)	waterlelie	[vatər·leli]
varen (de)	varing	[fariŋ]
korstmos (het)	korsmos	[korsmos]
oranjerie (de)	broeikas	[bruikas]

| gazon (het) | grasperk | [χras·perk] |
| bloemperk (het) | blombed | [blom·bet] |

plant (de)	plant	[plant]
gras (het)	gras	[χras]
grasspriet (de)	grasspriet	[χras·sprit]

blad (het)	blaar	[blār]
bloemblad (het)	kroonblaar	[kroən·blār]
stengel (de)	stingel	[stiŋəl]
knol (de)	knol	[knol]

| scheut (de) | saailing | [sājliŋ] |
| doorn (de) | doring | [doriŋ] |

bloeien (ww)	bloei	[blui]
verwelken (ww)	verlep	[ferlep]
geur (de)	reuk	[røək]
snijden (bijv. bloemen ~)	sny	[snaj]
plukken (bloemen ~)	pluk	[pluk]

146. Granen, graankorrels

graan (het)	graan	[χrān]
graangewassen (mv.)	graangewasse	[χrān·χəwassə]
aar (de)	aar	[ār]

tarwe (de)	koring	[koriŋ]
rogge (de)	rog	[roχ]
haver (de)	hawer	[havər]
gierst (de)	gierst	[χirst]
gerst (de)	gars	[χars]

maïs (de)	mielie	[mili]
rijst (de)	rys	[rajs]
boekweit (de)	bokwiet	[bokwit]

erwt (de)	ertjie	[ɛrki]
boon (de)	nierboon	[nir·boən]
soja (de)	soja	[soja]
linze (de)	lensie	[lɛŋsi]
bonen (mv.)	boontjies	[boənkis]

LANDEN. NATIONALITEITEN

147. West-Europa

Europa (het)	Europa	[øəropa]
Europese Unie (de)	Europese Unie	[øəropesə uni]
Oostenrijk (het)	Oostenryk	[oəstenrajk]
Groot-Brittannië (het)	Groot-Brittanje	[χroət-brittanje]
Engeland (het)	Engeland	[εŋəlant]
België (het)	België	[belχiε]
Duitsland (het)	Duitsland	[dœitslant]
Nederland (het)	Nederland	[nedərlant]
Holland (het)	Holland	[hollant]
Griekenland (het)	Griekeland	[χrikəlant]
Denemarken (het)	Denemarke	[denemarkə]
Ierland (het)	Ierland	[irlant]
IJsland (het)	Ysland	[ajslant]
Spanje (het)	Spanje	[spanje]
Italië (het)	Italië	[italiε]
Cyprus (het)	Ciprus	[siprus]
Malta (het)	Malta	[malta]
Noorwegen (het)	Noorweë	[noərweε]
Portugal (het)	Portugal	[portuχal]
Finland (het)	Finland	[finlant]
Frankrijk (het)	Frankryk	[frankrajk]
Zweden (het)	Swede	[swedə]
Zwitserland (het)	Switserland	[switsərlant]
Schotland (het)	Skotland	[skotlant]
Vaticaanstad (de)	Vatikaan	[fatikãn]
Liechtenstein (het)	Lichtenstein	[liχtεŋstejn]
Luxemburg (het)	Luksemburg	[luksemburχ]
Monaco (het)	Monako	[monako]

148. Centraal- en Oost-Europa

Albanië (het)	Albanië	[albaniε]
Bulgarije (het)	Bulgarye	[bulχaraje]
Hongarije (het)	Hongarye	[honχaraje]
Letland (het)	Letland	[letlant]
Litouwen (het)	Litoue	[litæυə]
Polen (het)	Pole	[polə]

Roemenië (het)	Roemenië	[rumeniɛ]
Servië (het)	Serwië	[serwiɛ]
Slowakije (het)	Slowakye	[slovakaje]

Kroatië (het)	Kroasië	[kroasiɛ]
Tsjechië (het)	Tjeggië	[tʃeχiɛ]
Estland (het)	Estland	[ɛstlant]

Bosnië en Herzegovina (het)	Bosnië & Herzegowina	[bosniɛ en hersegovina]
Macedonië (het)	Masedonië	[masedoniɛ]
Slovenië (het)	Slovenië	[slofeniɛ]
Montenegro (het)	Montenegro	[montenegro]

149. Voormalige USSR landen

| Azerbeidzjan (het) | Azerbeidjan | [azerbæjdjan] |
| Armenië (het) | Armenië | [armeniɛ] |

Wit-Rusland (het)	Belarus	[belarus]
Georgië (het)	Georgië	[χeorχiɛ]
Kazakstan (het)	Kazakstan	[kasakstan]
Kirgizië (het)	Kirgisië	[kirχisiɛ]
Moldavië (het)	Moldawië	[moldaviɛ]

| Rusland (het) | Rusland | [ruslant] |
| Oekraïne (het) | Oekraïne | [ukraïne] |

Tadzjikistan (het)	Tadjikistan	[tadʒikistan]
Turkmenistan (het)	Turkmenistan	[turkmenistan]
Oezbekistan (het)	Oezbekistan	[uzbekistan]

150. Azië

Azië (het)	Asië	[asiɛ]
Vietnam (het)	Viëtnam	[viɛtnam]
India (het)	Indië	[indiɛ]
Israël (het)	Israel	[israel]

China (het)	Sjina	[ʃina]
Libanon (het)	Libanon	[libanon]
Mongolië (het)	Mongolië	[monχoliɛ]

| Maleisië (het) | Maleisië | [malæjsiɛ] |
| Pakistan (het) | Pakistan | [pakistan] |

Saoedi-Arabië (het)	Saoedi-Arabië	[saudi-arabiɛ]
Thailand (het)	Thailand	[tajlant]
Taiwan (het)	Taiwan	[tajvan]
Turkije (het)	Turkye	[turkaje]
Japan (het)	Japan	[japan]
Afghanistan (het)	Afghanistan	[afχanistan]
Bangladesh (het)	Bangladesj	[bangladeʃ]

| Indonesië (het) | Indonesië | [indonesiɛ] |
| Jordanië (het) | Jordanië | [jordaniɛ] |

Irak (het)	Irak	[irak]
Iran (het)	Iran	[iran]
Cambodja (het)	Kambodja	[kambodja]
Koeweit (het)	Kuwait	[kuvajt]

Laos (het)	Laos	[laos]
Myanmar (het)	Myanmar	[mjanmar]
Nepal (het)	Nepal	[nepal]
Verenigde Arabische Emiraten	Verenigde Arabiese Emirate	[fereniχdə arabisə emiratə]

| Syrië (het) | Sirië | [siriɛ] |
| Palestijnse autonomie (de) | Palestina | [palestina] |

| Zuid-Korea (het) | Suid-Korea | [sœid-korea] |
| Noord-Korea (het) | Noord-Korea | [noərd-korea] |

151. Noord-Amerika

Verenigde Staten van Amerika	Verenigde State van Amerika	[fereniχdə statə fan amerika]
Canada (het)	Kanada	[kanada]
Mexico (het)	Meksiko	[meksiko]

152. Midden- en Zuid-Amerika

Argentinië (het)	Argentinië	[arχentiniɛ]
Brazilië (het)	Brasilië	[brasiliɛ]
Colombia (het)	Colombia, Kolombië	[kolombia], [kolombiɛ]

| Cuba (het) | Kuba | [kuba] |
| Chili (het) | Chili | [tʃili] |

| Bolivia (het) | Bolivië | [boliviɛ] |
| Venezuela (het) | Venezuela | [fenesuela] |

| Paraguay (het) | Paraguay | [paragwaj] |
| Peru (het) | Peru | [peru] |

Suriname (het)	Suriname	[surinamə]
Uruguay (het)	Uruguay	[urugwaj]
Ecuador (het)	Ecuador	[ɛkuador]

| Bahama's (mv.) | die Bahamas | [di bahamas] |
| Haïti (het) | Haïti | [haïti] |

Dominicaanse Republiek (de)	Dominikaanse Republiek	[dominikãŋsə republik]
Panama (het)	Panama	[panama]
Jamaica (het)	Jamaika	[jamajka]

153. Afrika

Egypte (het)	Egipte	[ɛxiptə]
Marokko (het)	Marokko	[marokko]
Tunesië (het)	Tunisië	[tunisiɛ]

Ghana (het)	Ghana	[xana]
Zanzibar (het)	Zanzibar	[zanzibar]
Kenia (het)	Kenia	[kenia]
Libië (het)	Libië	[libiɛ]
Madagaskar (het)	Madagaskar	[madaxaskar]

Namibië (het)	Namibië	[namibiɛ]
Senegal (het)	Senegal	[senexal]
Tanzania (het)	Tanzanië	[tansaniɛ]
Zuid-Afrika (het)	Suid-Afrika	[sœid-afrika]

154. Australië. Oceanië

| Australië (het) | Australië | [ɔustraliɛ] |
| Nieuw-Zeeland (het) | Nieu-Seeland | [niu-seəlant] |

| Tasmanië (het) | Tasmanië | [tasmaniɛ] |
| Frans-Polynesië | Frans-Polinesië | [fraŋs-polinesiɛ] |

155. Steden

Amsterdam	Amsterdam	[amsterdam]
Ankara	Ankara	[ankara]
Athene	Athene	[atenə]
Bagdad	Bagdad	[baxdat]
Bangkok	Bangkok	[baŋkok]

Barcelona	Barcelona	[barselona]
Beiroet	Beiroet	[bæjrut]
Berlijn	Berlyn	[berlæjn]
Boedapest	Boedapest	[budapest]
Boekarest	Boekarest	[bukarest]

Bombay, Mumbai	Moembai	[mumbaj]
Bonn	Bonn	[bonn]
Bordeaux	Bordeaux	[bordo:]
Bratislava	Bratislava	[bratislava]
Brussel	Brussel	[brussəl]

Caïro	Cairo	[kajro]
Calcutta	Kalkutta	[kalkutta]
Chicago	Chicago	[ʃikago]
Dar Es Salaam	Dar-es-Salaam	[dar-es-salãm]
Delhi	Delhi	[deli]
Den Haag	Den Haag	[den hãx]

Dubai	Dubai	[dubaj]
Dublin	Dublin	[dablin]
Düsseldorf	Dusseldorf	[dussɛldorf]
Florence	Florence	[florɛŋs]

Frankfort	Frankfurt	[frankfurt]
Genève	Genève	[dʒənɛːv]
Hamburg	Hamburg	[hamburχ]
Hanoi	Hanoi	[hanoj]
Havana	Havana	[havana]

Helsinki	Helsinki	[hɛlsinki]
Hiroshima	Hiroshima	[hiroʃima]
Hongkong	Hongkong	[hoŋkoŋ]
Istanbul	Istanbul	[istanbul]
Jeruzalem	Jerusalem	[jerusalem]
Kiev	Kiëf	[kiɛf]

Kopenhagen	Kopenhagen	[kopənχagen]
Kuala Lumpur	Kuala Lumpur	[kuala lumpur]
Lissabon	Lissabon	[lissabon]
Londen	Londen	[londen]
Los Angeles	Los Angeles	[los andʒəles]

Lyon	Lyon	[lioŋ]
Madrid	Madrid	[madrit]
Marseille	Marseille	[marsæj]
Mexico-Stad	Meksiko Stad	[meksiko stat]
Miami	Miami	[majami]

Montreal	Montreal	[montreal]
Moskou	Moskou	[moskæʊ]
München	München	[mønchen]
Nairobi	Nairobi	[najrobi]
Napels	Napels	[napɛls]

New York	New York	[nju jork]
Nice	Nice	[nis]
Oslo	Oslo	[oslo]
Ottawa	Ottawa	[ottava]
Parijs	Parys	[parajs]

Peking	Beijing	[bæjdʒiŋ]
Praag	Praag	[prāχ]
Rio de Janeiro	Rio de Janeiro	[rio də janæjro]
Rome	Rome	[romə]
Seoel	Seoel	[seul]
Singapore	Singapore	[singaporə]

Sint-Petersburg	Sint-Petersburg	[sint-petersburg]
Sjanghai	Shanghai	[ʃangaj]
Stockholm	Stockholm	[stokχolm]
Sydney	Sydney	[sidni]
Taipei	Taipei	[tæjpæj]
Tokio	Tokio	[tokio]
Toronto	Toronto	[toronto]

Venetië	**Venesië**	[fenesiɛ]
Warschau	**Warskou**	[varskæʊ]
Washington	**Washington**	[vaʃington]
Wenen	**Wene**	[venə]

www.ingramcontent.com/pod-product-compliance
Lightning Source LLC
Chambersburg PA
CBHW070555050426
42450CB00011B/2884